元伦理学译丛

理性的面向

〔英〕保罗·格赖斯（PAUL GRICE） 著
〔美〕理查德·沃纳（RICHARD WARNER） 编
荣立武　译

Aspects of Reason

科 学 出 版 社
北　京

图字：01-2018-6136 号

内 容 简 介

本书全面分析了推理、理性和理由这三个元哲学概念的内部关联，指出它们都有真值性和实践两重内涵。格赖斯力图说明从哲学上跨越“真值性/实践”的鸿沟是可能的，进而得出一些重要的哲学结论。本书是格赖斯推理思想、逻辑观、元伦理学思想和哲学方法论的集中体现，它对于格赖斯哲学与语言学思想的整体把握具有重要的研究价值。

本书可供对理性、推理和理由等元伦理学概念感兴趣的读者阅读参考。

图书在版编目（CIP）数据

理性的面向 /（英）保罗·格赖斯 (Paul Grice) 著;（美）理查德·沃纳 (Richard Warner) 编；荣立武译 . — 北京：科学出版社，2022.10
（元伦理学译丛）
书名原文：Aspects of Reason
ISBN 978-7-03-073352-8

Ⅰ. ①理… Ⅱ. ①保… ②理… ③荣… Ⅲ. ①元哲学 - 研究 Ⅳ. ①B089

中国版本图书馆 CIP 数据核字（2022）第 196038 号

丛书策划：侯俊琳 邹 聪
责任编辑：邹 聪 陈晶晶 / 责任校对：韩 杨
责任印制：徐晓晨 / 封面设计：有道文化

科学出版社 出版
北京东黄城根北街 16 号
邮政编码：100717
http://www.sciencep.com

北京建宏印刷有限公司 印刷
科学出版社发行 各地新华书店经销
*
2022 年 10 月第 一 版 开本：880 × 1230 1/32
2022 年 10 月第一次印刷 印张：7 3/8
字数：180 000

定价：98.00 元

（如有印装质量问题，我社负责调换）

总　序

德尔斐阿波罗神庙的石柱上铭刻着三句箴言：“认识你自己”“凡事勿过度”“妄立誓则祸近”。其中，“认识你自己”最著名。凭借它的力量，苏格拉底将哲学拉回了人间。时至今日，“认识你自己”不仅是认知科学的核心主题，也是伦理学，尤其是元伦理学（metaethics）的重要任务。“认识你自己”不只是认识自己的界限、自己的力量，更是认清自己的动因（motivation），认清什么样的生活才是值得过的。而当一个人开始思考应过什么样的生活时，他便开始了伦理思考。正如平克（Steven Pinker）所说：“道德不只是心理学中的老话题，更是接近于我们的生活意义的概念。道德的善是给予我们每个人人之为人的感觉的东西。”① 这句话背后的意思是，正因为我们有了道德感（moral sense），我们才会思考什么样的生活是值得过的。在此意义上，“认识你自己”就是认识你的道德感。

道德感是我们将某事评价为好与坏、善与恶的禀性（predisposition）。它被认为是人与动物的一个重要区别。当今主流的观点仍然是：只有人才有道德感。一些科学家试图通过实证研究来否定这一点。埃默里大学生命纽带中心（Living Links Center）主任

① Pinker, Steven. “The Moral Instinct”, *The New York Times*, 2008-01-13: 32-37, 52-58.

瓦尔（Frans de Waal）博士认为，所有的社会动物都有道德行为，它们的道德行为所体现出的道德原则是人类道德的根基。① 一些哲学家也加入了反对的行列。迈阿密大学的哲学教授罗兰兹（Mark Rowlands）争论说，诸如老鼠、狗、黑猩猩之类的社会动物可以在好坏之间做出选择，因而具有道德感。② 这样的争论涉及人与动物的共性与特性，很难判断。不管怎样，有一点是可以肯定的，动物即便有道德感，也与人的有很大不同。

人的道德感基于以下三种能力：①预见自己的行动的结果的能力；②做出价值判断的能力；③在不同行动之间做出选择的能力。③ 在这三种能力中，第一种最为基本。只有当"我"预见在邻居经常经过的路上埋下地雷会炸死他，"我"才有可能将此行动评价为恶毒的。埋地雷的行动本身不是一个道德行动，凭借相关结果它才成为道德行动。正是因为我们有了预见自己的行动的结果的能力，才能在不同事项间建立目的—手段联系："我"之所以能够将某个手段看作是满足某个目的的手段，是因为"我"能预见它所产生的结果能促成那个目的。人的特别之处在于能在范围广泛的事项之间建立目的—手段联系。通过对不在场或不存在的事项形成心理表征，它们被纳入我们的视野，与我们的需求关联起来。这种能力使得我们与限于直接生物需要的动物区别开来，能够以一种超然的（detached）态度对待环境。

伦理学的一个重要争论便是围绕目的—手段展开的。休谟认为，目的是由激情设定的，理由只能充当手段。用他的名言来说："理

---

① de Waal, Frans. *Mama's Last Hug: Animal Emotions and What They Tell Us about Ourselves*. London: W. W. Norton & Company, 2019.

② Rowlands, Mark. *Can Animals Be Moral?*. Oxford: Oxford University Press, 2015.

③ J. Ayala, Francisco. "The Difference of Being Human: Morality", *Proceedings of the National Academy of Sciences*, 2010, 107 (suppl. 2): 9015-9022.

性是且只应当是激情的奴隶。”① 而康德认为，理性可以为自身设定目的。这个目的以绝对律令的方式表现出来，为所有理性存在者所遵守。以科尔伯格（Lawrence Kohlberg）为代表的理性主义者赞同康德的主张，将道德的根源归于理性。② 而以海特（Jonathan Haidt）为首的直觉主义者则更倾向休谟，认为道德离不开情感。③ 格林（Joshua Greene）则认为，理性与情感是两个独立的道德源泉——理性产生典型的效用主义的道德判断，情感产生典型的义务论的道德判断。④ 以上进路预设了理性与情感是相互独立的两种官能。这个预设近年来受到了挑战。本译丛的作者之一赫尔姆（Bennett Helm）创造了“情感的理性”（emotional reason）一词来表达对理性与情感两分法的拒斥。⑤

正如我们所看到的，这样的争论已经从传统的思辨哲学延伸到了道德心理学。安斯康姆（Elizabeth Anscombe）曾睿智地指出，应该停止道德哲学的研究，直至合适的道德心理学出现为止。⑥ 尽管伦理学的研究从未因安斯康姆的呼吁而停止，但今天的伦理学越来越多地诉诸经验研究却是不争的事实。20 世纪末，在后果主义和义务论回击德性伦理学的进攻时，规范伦理学开始出现了“经验转

---

① 休谟.《人性论》. 北京：商务印书馆，1996 年。

② Kohlberg, Lawrence. “Stage and Sequence: The Cognitive-Developmental Approach to Socialization”, in D. A. Goslin, *Handbook of Socialization Theory and Research*. Chicago: Rand McNally, 1969.

③ Haidt, Jonathan. “The Emotional Dog and Its Rational Tail: A Social Intuitionist Approach to Moral Judgment”, *Psychological Review*, 2001, 108 (4): 814.

④ Greene, Joshua. “The Secret Joke of Kant’s Soul”, in W. Sinnott-Armstrong, *Moral Psychology: The Neuroscience of Morality: Emotion, Brain Disorders, and Development*. Cambridge: The MIT Press, 2008.

⑤ Helm, Bennett. *Emotional Reason: Deliberation, Motivation, and the Nature of Value*. Cambridge: Cambridge University Press, 2007.

⑥ Anscombe, Elizabeth. “Modern Moral Philosophy”, in W. D. Hudson. *The Is/Ought Question*. London: Palgrave Macmillan, 1969: 175-195.

向”。正如弗拉纳根（Owen Flanagan）所说的，规范伦理学必须是心理上现实的，因此需要考虑道德心理学的实际研究。[①] 不过，“经验转向”之后的很多研究，即使是与规范伦理学密切相关的，也超出了规范伦理学的范围。更多地，它们被归入元伦理学。

回到前面所说的三种能力。第二种能力是将某事项感知为比其他事项更可取的能力。只有当“我”能看出放走猫比虐待猫更为可取时，“我”才能将放走猫这一行动看作是道德的，而虐待猫是不道德的。如果其他可选行动的结果是价值中立的或与价值无关的，那么这个行动也就不会被看成是道德的。按照这样的理解，价值敏感性是伦理判断的基础。在当代，这个想法通常是以“善为幌论题”（the guise of the good thesis）的形式呈现出来的。按照“善为幌论题”，所有欲求之事都被主体视为在某种程度上是善的。有意图的行动，包括所有道德行动，必定是行动者视为善的行动。[②] 这种思想可追溯到柏拉图、亚里士多德，中世纪的托马斯•阿奎那、近现代的康德以及当代的安斯康姆和戴维森（Donald Davidson）。对“善为幌论题”来说，最为核心的是诸如理由、应该之类的规范性概念（normative notion），应根据诸如善、价值之类的评价性概念（evaluative notion）来理解。伦理概念是典型的规范性概念，因此，如果“善为幌论题”是对的，那么，要理解伦理概念就得理解善和价值之类的评价性概念。

但当代更流行的是一种与“善为幌论题”相对的叫作“推掉责任”的观点。这种观点认为，诸如善、价值之类的评价性概念应根据诸如理由、应该之类的规范性概念来理解。这种观点的流行与安斯康

① Flanagan, Owen. *Varieties of Moral Personality: Ethics and Psychological Realism*. Cambridge: Harvard University Press, 2009.

② Orsi, Francesco. “The Guise of the Good”, *Philosophy Compass*, 2015, 10 (10): 714-724.

姆等人所开启的“重新理性”的思潮密不可分。安斯康姆认为，有意图的行动是行动者依据理由所做出的行动。如果是这样，那么，要理解人类行动（包括道德行动），就得弄清楚什么是行动的理由，以及行动者是如何依据理由做出行动的。历史兜兜转转：两千多年后的我们似乎又回到了亚里士多德的原点。正如赫尔姆在他《情感的理性》一书的开篇所说：“作为理解人的独特之处的准则，人是理性动物的观点在将我们自己理解为人类行动者的尝试中具有重大影响。”[①]

第三种能力体现了常识的自由概念。扣动扳机在仅当“我”有不扣动扳机的选择余地时是一个道德行动。如果一个行动完全不受主体的意识控制，例如膝跳反射，那么它就不是道德行动。一些人认为，道德行动需要以自由意志为前提。[②] 但这预设了自由意志是自由选择的能力（康德持此观点）。实际上，这些观点是非常有争议的。当然，这样的争论更多地与形而上学而不是伦理学相关。

围绕第三种能力，与当代伦理学密切相关的讨论主要集中在实践理性上。实践理性是行动者依据理由决定自己如何行动的一般性能力。这种基于慎思（deliberation）的自我决定能力引起了如下两个方面的哲学问题：第一，实践理性具有什么样的结构以至于它是实践的？第二，实践理性具有什么样的本性以至于它是规范的？历史上，亚里士多德、休谟、康德等对此均有深入研究。当代元伦理学正是围绕这两个方面的问题复兴有关实践理性的讨论的，并常常与心灵哲学、认知科学以及行动哲学纠缠在一起。这样的广域讨论相当有成效，并在当代形成了“一种我们可称为实践理性哲学的东

① Helm, Bennett. *Emotional Reason: Deliberation, Motivation, and the Nature of Value*. Cambridge: Cambridge University Press, 2007.

② Bok, Hilary. *Freedom and Responsibility*. Princeton: Princeton University Press, 1998.

西”。[①] 与伦理学或元伦理学相关的实践理性哲学问题包括：什么是规范性理由（normative reasons）？是什么使得某样东西成为规范性理由？更准确地，什么是规范性？规范性理由是如何辩护行动的？规范性理由是通过什么样的选择性情境特征决定我们应该做什么的？理由具有不同的规范性权重吗？不同种类的理由又是如何被整合到一起以产生一个关于一个人应该做什么的全盘结论（all-things-considered conclusions）的？

以上问题属于元伦理学的前沿问题。元伦理学通常被认为是研究道德思想与道德语言的哲学分支。它所关注的不是支配伦理实践的普遍原则，不是我们对他人或后代所负有的责任（这些属于规范伦理问题），而是道德本身是什么。探究道德思想是什么，道德语言是什么，这当然有助于我们回答道德本身是什么。但是，它们远非问题的全部。正如前面所说，理解道德本身是“认识你自己”的重要组成部分，需要道德心理学乃至认知科学的鼎力相助。正因如此，当代元伦理学已然从早期的语言哲学范式中挣脱出来，毅然投向行动哲学、心灵哲学、道德心理学的怀抱，与它们携手踏上“认识你自己”的漫漫征途。

“元伦理学译丛”所选的10本专著代表了近20年来元伦理学家在“认识你自己”上所做出的杰出努力。这些著作是在南加利福尼亚大学哲学系教授、澳大利亚天主教大学哲学研究所主任芬利（Stephen Finlay）的建议下挑选出来的。在此，我代表山东大学“意图与行动”研究团队对芬利教授表示感谢！山东大学“意图与行动”研究团队是一个基于研究兴趣的松散小组，由刘杰、王华平、苏庆辉、吴童立、荣立武、梁飞、李鸣鹤共7人组成。共同地，我们对

---

① Sylvan, Kurt and Chang, Ruth. “An Introduction to the Philosophy of Practical Reason”, in R. Ruth and K. Sylvan, *The Routledge Handbook of Practical Reason*. London: Routledge, 2020.

人类行动，特别是基于实践理性的行动有着浓厚的兴趣。作为共同研究兴趣的一个体现，我们翻译了这套译丛。

《规范性的本质》一书是韦奇伍德（Ralph Wedgwood）元伦理学的代表作，其目的在于捍卫“元规范实在论”的哲学立场。如作者所言，该书可视作关于规范性本质的柏拉图立场的一个阐发和辩护。在该书中，韦奇伍德从形而上学、知识论、心灵哲学、语言哲学以及哲学逻辑等不同的角度系统地论证了“意向性是规范的”这一核心论点，作者认为这一观点是元伦理学的关键。

自摩尔（G. E. Moore）提出开放问题论证（open question argument）之后，许多学者群起驳斥自然主义式的还原分析，宣示自然主义的末日。芬利在《言辞的混淆：一个规范语言的理论》中采取自然主义式的还原分析，尝试从语言学的进路来为自然主义辩护。更精确地说，该书讨论的是关于道德与实践哲学中感兴趣的语词，诸如“好的”、“应该”与“理由”等语词的意义与用法。在该书的前半部分，芬利试图通过语言分析，论证这些规范语词（无论是否被运用到道德语境中）要求一个统一的语义论，而该书提供的语义论是目的关系（end-relational）式的理论。根据该语义论，规范语词指涉事物与其“目的”之间的概率关系。在该书的后半部分，芬利运用语用学的方式来解释规范语言在道德或实践语境中的使用。此外，芬利也运用其理论来处理了一些元伦理学中的难题。正如芬利在书中所说的，关于伦理学上的分歧（以及元伦理学上的分歧），源自言辞的混淆，意指在使用相关语词（如“好的”“应该”）时，我们都在自说自话，甚至自身也不完全明白这些语词的意义，而芬利在书中提出一个统一的语义学来说明这样的言辞混淆是如何可能的。

“理由基础主义”（reasons fundamentalism）[①] 是近几十年来兴起的一种重要立场，它声称理由是规范领域中唯一的基础性要素，关于实践理性和规范性的问题都可以通过理由获得理解。在《实在地看理由》一书中，斯坎伦（T. M. Scanlon）从本体论、认识论、动机论等角度全面地对这种立场进行了辩护。他把理由界定为一个由事实、行动者、情境和态度构成的四元关系，论证了理由所代表的规范领域为何是独立的，也据此为实践动机、随附性、道德分歧等问题提供一种说明。通过这些论证，斯坎伦反驳了基于欲望的非认知主义理论、基于合理性的建构主义理论、基于事实的自然主义理论等主流观点，他的元伦理学立场可概括为一种认知主义的非自然主义实在论。

关于行动理由的休谟主义理论认为，行动的规范性理由是依赖于欲望的，或者说最终是需要由欲望来解释的。这一理论近几十年来受到了很多质疑和攻击。施罗德（Mark Schroeder）的《激情的奴隶》一书对休谟主义理由理论进行了辩护。为此，施罗德发展出了一个特殊版本的休谟主义理由理论，即假言主义（hypotehticalism）理论。假言主义是休谟主义理由理论的一个还原论版本——它认为，规范性理由可以被还原为非规范性的术语，且所有其他的规范性属性和关系都可以用非规范的自然事实来解释。施罗德论证了，假言主义可以帮助我们避开那些关于欲望、目标等心理事实如何解释规范性理由具体机制的成问题的预设，从而也就回击了持有这些预设的对休谟主义理由理论的质疑和攻击。

许多学者相信，人们基于理由而去做出一个有意图的行动，而这似乎要求我们在该行动中“看到”其价值所在，并做出规范性判

① 理由基础主义对应的英文为 reasons fundamentalism，也可译为“理由基本论”。

断（normative judgment），格特（Joshua Gert）在《原初的合理性：规范性与人类行动》中反对这样的观点，并试图提出一个新理论。第一章试图勾勒基本规范原则应该满足哪些条件。第二章的主要目标是通过几个思想实验与类比推论来论证实践理由扮演了两个角色：证成（justifying）与要求（requiring）。第三章基于内在论者接受的观点是假的来批评理由内在论。第四章提供了一个规范性理由的功能角色分析。第五章反对规范性理由在决定行动的理性程度上有更高的价值。第六章将注意力转向规范性理由的理想动机说明，并论证这样的说明有错误的假设。第七章是该书的核心，因为作者在此呈现、说明，并辩护自己对客观理性与主观理性的立场。最后的两章，作者将第七章的理论运用到当前的理由内在论争议上。

人们通常会引入理性来回答动机问题，主张是理性要求人们意图去做他们相信自己应当去做的事情。很多哲学家认为理性的动机是关于理由的：一个人想要成为理性的就在于让他的态度正确地回应他的理由。布鲁姆（John Broome）在《推理得来的理性》一书中对这种混淆理由和理性的观点予以了反驳。以动机问题来说，一个人相信自己应当做什么，这关乎理由或理由的权衡。在此之后理性才开始发挥作用，比如说自制理性要求你的意图和你有理由的信念保持内在的一致性。不是说理性要求你的意图是有理由的，而是说理性要求你的意图与有理由的信念保持内在一致。更准确地说，理性是态度组合的一种结构性要求，可分为历时态的理性要求和共时态的理性要求两类。行动者有时会通过一个自动的过程来满足这些要求，但是当自动机制出问题的时候，他就需要一个有意识的主动推理过程来让自己的态度满足理性的各种要求。通过主动的推理，一个人从更不理性变得更加理性。

推理、理性和理由分享了同一个词根，即reason[①]，因而这三个元哲学概念有着内在的紧密关联。当大部分人对理性概念的混沌不清感到绝望之时，格赖斯（Paul Grice）在《理性的面向》中指出：如果理性的本质是展现在推理中的能力，那么一个好的想法是去研究一下推理是什么，继而探索理性和理由之间的平行式联结关系，特别是关注实践理由和真值性理由之间的关系。这一哲学见解使得我们关注到，这些哲学概念中的任何一个都包含真值性和实践两个维度。格赖斯力图说明从哲学上跨越“真值性/实践”的鸿沟是如何可能的，进而论证理性（推理和理由）具有内在的统一规定性。

吉伯德（Allan Gibbard）在《思考怎样生活》一书中，继续为自己在《明智的选择，灵敏的情感》一书中所持的“元伦理的表达主义”辩护。一般而言，表达主义认为，对一个道德判断内容的解释，可通过解释它所表达的心灵状态来完成。所以，吉伯德最初完全用心理学来解释道德判断的内容。而在该书中，他试图在心理学之外，对道德判断的逻辑和认识论做表达主义的解释，以补充前期思想的不足。为此，他认为，对道德规范性的研究必须联系行动者的行动来分析，而每一个行动者都是一个“做计划的行动者”，规范思维其实就是一种“计划负载”（plan-laden）的思维。他在该书中主要从两方面论证了自己的上述立场。首先，他指出，“做事情”这个短语表达了一个决策，而决策思维的结构涉及逻辑推理，我们就有必要把“做事情”当作随自然事实而产生的东西，我们就有必要认为我们能够否定“做事情”。其次，他论证了规范概念就是“计划概念”，因而“做事情”的表达主义就可以扩展到“我们应该做什么”这个伦

① 推理（reasoning）是reason的动名词形式，理性（reason）是reason的不可数名词形式，理由（reasons）是reason的可数名词形式。

理学问题上去。如此一来，关于意义的事实就不再是自然主义的事实，意义是规范性的，它是一个非自然主义的概念。

赫尔姆的《情感的理性》一书有一个宏伟的目标，即拒斥当代心灵哲学和道德心理学流行的认知（cognitive）与意动（conative）两分。赫尔姆认为，拒斥这种两分可以解决或消解实践理性的两个主要问题，即“驱动问题”（motivational problem）和“慎思问题”（deliberative problem）。“驱动问题”是“关于我们选择某事为慎思的结果和我们受到驱动去追求它之间的联系的难题”。[①]“慎思问题”是在我们的价值概念被拽向主观和客观两个相反方向的情况下关于价值的慎思如何可能的问题。赫尔姆发展了一种详细的关于情感、欲望和评价性判断及其理性联系的替代理论。根据这一替代理论可知，情感是价值和动机的基础，是实践理性的组成部分，实践理性不仅能控制我们做什么，而且还能决定我们的价值观以及我们要做什么样的人。

阿帕利（Nomy Arpaly）和施罗德（Timothy Schroeder）的《欲望之颂》一书旨在构建和辩护一种以欲望为中心的道德心理学。其主要观点是，据理由行动就是按内在欲望行动；理性不过是执行那些帮助我们决定想什么和做什么的心理行动的能力，那些行动本身也是受欲望驱动的。因此，理性即便不是激情的奴隶，至少也是欲望中的行动者所采取的有用工具。不过，内在欲望不只是行动的冲动，同时也可以引起广泛范围的感觉和认知影响。这一观点的道德后果是，具有善良意志（good will）就是具有渴望良好目的的内在欲望。行动者因执行善良行动而受称赞当且仅当他们是本着善良意志执行那些行动的；行动者有德性当且仅当他们具有有意义的善良意

① Helm, Bennett. *Emotional Reason: Deliberation, Motivation, and the Nature of Value*. Cambridge: Cambridge University Press, 2007.

志且缺乏恶意。

正如我们所看到的，以上10本专著在人的道德感及其所依赖的心理能力方面做出了积极探索。这些探索对增进我们的自我理解大有裨益。人类在对世界的理解上取得了长足进步。广袤如浩瀚宇宙，渺小如微蔑夸克，皆为我们所认识。但是，人类在对自身的理解上却如滚芥投针，收效甚微。也正是因为问题的艰深与晦涩，它才会散发出不朽的魅力，吸引着一批又一批的思想者前去探险。这个译丛是为那些有勇气进行理智探险的人准备的。如果它能为徜徉在“认识你自己”的征途上的勇士提供哪怕最为简单的补给，我们也可告慰自己。

王华平

2021年8月2日于济南

译者序

保罗·格赖斯（1913—1988），20世纪最著名的哲学家之一，是牛津日常语言学派的代表性人物，也是格赖斯语义学的开创者。他一生著述不多，但是却在两三个哲学领域做出了开创性的工作。他的第一个工作是对会话蕴含或语用蕴含的研究，它直接奠定了哲学语用学的理论基础，并动摇了形式语义学在语义学和语言哲学等领域内的统治地位。不像他的第一个工作，他的第二个工作没有那么广为传颂，是他在元伦理学领域内对理性的思考。本书正是这一思考的结晶，它代表了格赖斯后期最成熟的哲学立场。尽管不是那么广受推崇，但这并不代表他的第二个工作不重要或者不深刻，这一点可以从元伦理学在他去世40年后轰轰烈烈的发展中窥斑见豹。格赖斯总是能够在最恰当的时机找到最重要、最基本的哲学问题并展开最深邃的哲学探索，很多人也因此认为他是最具启发性的哲学家之一。

正如他在本书绪言中提到的，"……我也很高兴旧世界再次把我召唤，又想起了我，以弥补我在离开她去寻找新世界后带来的遗憾"。格赖斯后期离开了他最熟悉的语言哲学领域，转而对理性、推理和理由三者之间的关系进行反思，进而对实践理性以及终极幸福展开反思。他为什么要这么做？这不是因为原来带给他无上荣耀的领域没有工作可做了，而是因为他在语言哲学领域内遭遇了困境，这个困境或多或少与他的第一个工作和第三个工作相关。在会话蕴含理论之前，格赖斯在语言哲学领域中的最重要贡献是非自然意义理论，其核心概念是意图，可以这么说，是意图使得意义成为可能。然而，他基于意图的意义理论遭到了许多人的攻击，这迫使他考虑如何基于信念的规范性来阐释意义，于是他提出了著名的合作原则和会话准则。然而，格赖斯发现这两种意义理论是不可调和的，因为信念和意图是两种完全不同的心理态度，这导致了基于信念规范性的会话蕴含理论和基于意图相互识别的非自然意义理论相互错位。为了寻求这两种意义理论的一致性，格赖斯开始慎重地思考理性这一基本的哲学概念，他要去寻找新世界。如果做出信念的理性和做出意图的理性是同一个理性，那么他在意义理论中面对的困难就有可能找到解决的途径。沃纳证实了我的想法，"《理性的面向》和格赖斯其他工作之间……似乎令人讶异地脱节了。格赖斯没有在其他任何地方讨论过推理，他的工作似乎也不依赖于任何有关理性或推理的有争议假设。然而，后一种看法是不准确的。关于理由和推理的主张奠定了他的意义理论，也奠定了格赖斯处理哲学问题的一般方法"（原文导论第 viii 页）。沃纳不仅指出了格赖斯前两个工作之间的关联，也指出了格赖斯在第三个工作上的重要贡献，即他的哲学方法论。

格赖斯哲学方法论的一个重要特征是，他坚持认为人类真实的心理态度在解释人类行为时具有独立的意义，信念是如此，意图和欲求也是如此。他强调，存在真值性（alethic）话语和实践（practical）话语两类形式，它们分别揭示并辩护了行动者的信念和意图。他说，"真值性话语和实践话语的适应方向是不一样的；原初的信念（或知觉信念）大体上可以被看作是由世界的状态所引发的，并且它们可被用于检测其他更复杂信念的可接受性；而意愿**最初**是要去影响世界（而不是相反），并且它们不像信念那样具有可检测性，对意志的可接受性不存在任何真实的检测。我认为，这个差别给康德留下了深刻的印象”（原文第 70 页）。信念和意图在解释人类行为时具有独立的意义，于是让信念得到辩护就体现了理性存在者对真值性价值的追求；与此同时让意图得到辩护就体现了理性存在者对实践价值的追求。而理性则是统摄这两种价值追求的核心概念。尽管很多哲学家一再地强调理论理性和实践理性的区别，但格赖斯对此不屑一顾。他认为理论理性和实践理性没有本质上的差别，或者如果二者真有本质上的差别，那么这种差别绝不会只出现在理论理性和实践理性的分界线上，它一定也会出现在理论理性或实践理性的内部，这就是他的“歧义性议题”（原文第 90 页）。格赖斯为什么这么自信地提出歧义性议题呢？这是因为格赖斯认为理性是通过推理来保证的，没有本质上不同的理性是因为没有本质上不同的推理。

> 我也许会用“价值范式”来称谓推理这一概念……要解释推理是什么（以及“推理”这个词或许意味着什么），必须首先去刻画什么是**好的**推理，**然后**去规定“推理”是可以应用于好推理的，并且也可以应用于近似于（在一定程度上）好推理的序列；好推理这一观念，在一定意义上，是先在于推理这一观念的。（原文第 35 页）
>
> 通过运用**形式**的转化，我将把推理看作是用于扩大我们的可接受的一种禀赋：从一个可接受 [的东西] 的集合到另一个可接受 [的东西]，并且要确保**价值**（*value*）从前提传递到结论，如果这些价值附属在前提之上的话。这里

> 的“价值”我意指的是可以作为价值的一些属性（毫无疑问，它是一些特定**种类**的价值）。真就是这样的一个属性，但它不是唯一的；现在我们可以确定另一个，即**实践的**价值（善）。因此，每一种这样的价值都应该被视为一个更一般的概念“**可满足性**”的一个特例。（原文第 87、88 页）

是的，推理就是保持价值不变的形式转化过程，其中“真值”只是规范推理行动的一个价值，“善”或“目的”则是规范推理行动的另一个价值。在此意义上，格赖斯把推理定义为一个有目的的行动，并且它满足保真性或形式有效性。于是，理论推理就是从真信念出发保真地得出另一个真信念，而实践推理就是从欲求一个目的出发保持**可满足性**地（即保持目的不变地）实现该目的。推理和理性是相互规定的，它们共同展现在“可满足性”这一抽象概念上。可是这个抽象概念是怎么来的呢？格赖斯认为理论推理和实践推理都可以被还原为真实生活中的好的推理，所谓好的推理它不仅是保真的，而且能让你实现所欲求的目的。可见，“可满足性”这一抽象概念不仅体现了我们对“真值”的追求，还体现了我们对“善”或“目的”的追求。但是，“可满足性”也不能完全地还原到日常生活中的好的推理，因为好的推理不是完美的推理。完美的推理不仅是保真的，而且能让你实现终极目的，即幸福。格赖斯在本书最后一章试图回答——我们为什么要通过推理和理性来追求目的以及追求什么目的，因为我们想要追求幸福并且我们希望通过可靠的手段追求到幸福，这就是格赖斯为何在最后一章反思目的和幸福的原因。最终，完美的推理和完美的理性是相互规定的，它们都是实现理性人的终极目的——幸福——的保障。

我的研究兴趣主要集中在语言哲学和逻辑哲学，尤其是分析哲学中的意义问题，当下的兴趣主要集中在格赖斯前后期哲学的统一性研究以及实践推理，现今已在《哲学研究》等期刊公开发表论文十余篇。我分别翻译了布鲁姆的《推理得来的理性》(*Rationality Through Reasoning*)和格赖斯的《理性的面向》(*Aspects of Reason*)。布鲁姆和格赖斯的著作有三个共同的关键词——理性、理由和推理，它们构成一个黄金三角关系。从成书时间上来看，格赖斯的著作成书于1976—1977年，那时他在斯坦福大学做"伊曼努尔·康德讲座"，布鲁姆的著作成书于2013年。这接近40年的时间跨度恰好是元伦理学轰轰烈烈发展的40年，格赖斯和布鲁姆从不同的出发点汇聚到这个黄金三角上。通过他们的著作，两位杰出的哲学家启发我们去反思以下基本问题：推理的本质是什么？推理的能力是否就是提供理由的能力？理性是不是正确地回应理由的能力？如果理性是一种能力的话，那么理性是否就是人经由推理而获得的一种属性？实践推理和理论推理是同一种理性能力的不同体现，还是截然不同的两种能力呢？如果实践理性和理论理性是同一种理性的不同体现，那么实践推理和理论推理是否也是同一种推理的不同体现？它们的界限可以跨越吗？又回过头来想，推理的本质是什么？有实践理由和理论理由的区分吗？它们和辩护性理由—说明性理由的关系是什么？诸如此类。

最后聊一下我的翻译感受。翻译布鲁姆著作的痛苦之处在于他的论文太多了，而《推理得来的理性》就是这些论文的一个缩略版，以至于不免有思想上把握不到位之处，因为实在没办法精读他的所有论文。布鲁姆的语言很简单但思想很难驾驭，相对而言，我对格赖斯的作品要熟悉很多，不过也仅限于他的语言哲学。格赖斯的行文风格太晦涩了，思想也很难把握，以至于前后170页的著作让我花了和翻译布鲁姆著作同样的时间，后者可是有300页啊！读格赖斯的原著时，有一种痛苦叫“找不到句号”。如果非得说有比这更痛苦的事情，那就是要把一本很难找到句号的哲学著作翻译成中文，这就是我经历过的痛苦。我要感谢我的中学英语老师，因为我超常运用了他们教给我的各种语法知识，各种断句，各种添加和附注。虽然这个翻译过程让我痛不欲生，但是，我也在这个痛并快乐着的过程中找到了一丝非常奇妙的体验，我好像在与作者隔世交流：他把最深邃的思想藏在无比复杂的（我觉得）语法结构中，仿佛是在猜谜，奖赏是你将收获他的思想。我就这样人格分裂着，一会儿很想快点结束，一会儿又很想慢点结束。回头想想，我得到更多的是奖赏。

荣立武

2022 年 3 月于山东大学知新楼

目 录

导　论　格赖斯论理由与理性 vii

理查德·沃纳（Richard Warner）

保罗·格赖斯（Paul Grice）在《理性的面向》（*Aspects of Reason*）一书的开篇就指出：

> 不止一位哲学家认为，从理性存在这一观念进行推导可能会获得许多至关重要的哲学结果。以亚里士多德为例，他认为他可以（据此）对人的终极目的进行刻画……而康德认为，从理性存在这一观念中可以推导出的重要结果之一就是附着在**绝对命令**之上的道德必然性。（4）*

格赖斯不知道“这些宏大的结果是否可以从‘理性存在’这一概念中被推导出来”，但他承认自己“暗暗地希望它们是可能的，并有一种挥之不去的欲望，想要找出它们是如何可能的”。（4）这一希望或欲望就成为他撰写《理性的面向》的动机，通过该书的工作，格赖斯把自己视为“一个潜心研究难题的人，经过一两次的探索，也许有益于澄清理性（reason or rationality）的观念（5）。为了达成

* 括号中的数字表示《理性的面向》一书的原文页码。本书共有三类注释：作者注和编者注为脚注，编者注序号加方括号以示区分；较简短的译者注为随文注，较长的译者注为文后注。——编辑注

这一任务，即“经由理性存在这一观念推导出重要的哲学结果”（4），先对该任务做出澄清是必要的。格赖斯解释道：“困扰我的一个主要方面（这不仅仅是我的困扰）在于揭示这个游戏规则时所遇到的困难，或者说，在于理解什么样的程序才可以算作是推导时所遇到的困难；困扰我的另一个方面是，从哪个起始点去介入理性存在这一观念，这里有着令人绝望的混沌不清。”（4）该书的大部分都在关注这个“起始点”，即理性概念本身，当然它也会附带地关注哪些可以算作是从这一概念所推导出的结果。

viii （最晚）从 1975 年开始，格赖斯就在断断续续地撰写《理性的面向》，直到 1988 年他生命的末期。尽管如此，《理性的面向》仍是一部未完成的作品，它不像格赖斯已出版的作品那样具有清晰的概念统一性。原始手稿由一组基本的打印稿组成，中间穿插着许多他在不同时间节点上添加的冗长论证（通常是手写的）。[1] 由此所导致的结果是，这是一本意涵丰富且充满细节的书，但它也是一本统一性和总体规划性难以辨别的书。正如它的书名所暗示的，《理性的面向》看起来更像是一场穿越多重地貌风景的旅行，而不是一幅针对某一典型地貌的精确临摹；乍一看，它的五个章节不太像一本书，而更像是五篇有着松散联系的文章。然而，将《理性的面向》视为一部内在统一的作品不仅是可能的，也是有意义的。我的目标是在格赖斯穿越的复杂概念的风景中描绘出它们的统一旨趣。假若格赖斯在哲学天堂的某个熙攘角落往下看，也许他不会太介意我对他的未尽之途做一些最后的润色。

第四章，“实践理由与真值理由（第二部分）”，是将《理性的面向》视为一部具有内在统一性作品的关键。这一章包含了第三章所

---

[1] 两个重要的添加出现在第二章：关于平凡理性和变化理性的讨论，关于相对模态和绝对模态的讨论。

引入主题的重要发展。第四章的结论为第五章提供了初始的动机，在第五章中，格赖斯开始转变他的角色，即从一个“潜心研究难题的人”变成了一个从理性存在的观念推导出重要哲学结果的人。第一章和第二章是契合这一模式的，它们分别提供了对推理和理由的讨论，这对于捍卫第四章的中心论点至关重要。这就是将《理性的面向》视为具有内在统一性作品的**一种**途径。我希望其他人可以提出其他的途径。本书所包含的丰富内容值得我们努力去探索。

最后一个预备性话题是《理性的面向》和格赖斯其他工作之间的联系。这两者似乎令人讶异地脱节了。格赖斯没有在其他任何地方讨论过推理，他的工作似乎也不依赖于任何有关理性或推理的有争议假设。然而，后一种看法是不准确的。关于理由和推理的主张奠定了他的意义理论，也奠定了格赖斯处理哲学问题的一般方法。

1957年的《意义》[1]一文是格赖斯阐述其意义理论的开始，让我 ix
们来看看这个理论的最初版本。格赖斯给出了说话者意义（这是他后来所使用的一个术语）的一个解释，意义概念所涉及的是，通过言说“I am blue”来描述某人意味着他很悲伤。格赖斯认为：

> 通过言说“I am blue”，一个人［说话者］意味着他很悲伤，当且仅当，这个人言说“I am blue”意图要：①让听者相信他很悲伤；②让听者识别出①中所描述的意图；③听者的这个识别是使得听者相信说话者很悲伤的部分理由。

为了理解这个想法，假设在深夜你把车停在一个十字路口，另一辆车向你闪灯。你想：“她为什么要对我闪灯呢？”最好的解释是：“她一定是意图让我想到我的车灯没开。她没有任何理由欺骗我，所

[1]《意义》（*Meaning*），*Philosophical Review*, 第 66 期（1957 年 7 月），第 377—388 页。

以我的车灯一定没开。”我们可以设想这个闪灯者也正进行着类似的推理，进而得出这样的结论：通过闪灯，她可能意味着你的车灯没开。该理论的解释力来自把说话者的思考（或推理方式）作为言说所制造的效果，以及把听者的思考（或推理方式）作为一个回应。这一点同样适用于人造信号（例如红绿灯）和在自然语言中的交流。我们可以想象，作为读者的你也会对刚才那句话做出下述的推理："这个句子在英语中的标准意义是'这一点同样适用于人造信号（例如红绿灯）和在自然语言中的交流'；沃纳不会在当前语境中写出这个句子，除非他意图让我想到他相信这一点同样适用于人造信号（例如红绿灯）和在自然语言中的交流。他没有理由欺骗我，所以他必然相信如此。”[1]

x 当然，这一理解方式的问题在于，在进行交流时人们很少按照这种方式来推理。当你读到“这一点同样适用于人造信号（例如红绿灯）和在自然语言中的交流”这个句子时，你从来不会按照上述的方式来推理。你读到这个句子，然后就直接地理解了，不需要任何中间的推理，实际上你根本就没有想到过这种推理。因此，你可能会进行的这种推理和你理解这个句子，二者之间到底是一个什么样的关系呢？为什么说以下事实还具有解释力：尽管**用一些其他的方式**你实现了对这个句子的理解，但是你**可能**仍然还是用推理的方式来实现这一理解的，这个问题对格赖斯的意义理论至关重要。

这个问题所涉及的范围将远远超出意义理论，因为上述所有关于意义的评论也阐明了格赖斯哲学方法论的一个关键特征。假定现在

[1] 请注意：这里所意图的效果是，你相信我想到如此这般。这个变化是必要的，因为它只是**告知**这个意图的效果是听者相信某事。格赖斯把这个**宣称**所意图的效果看作是，听者相信说话者想到某事。对这一点的详细讨论请见“说话者的意义、句子意义和语词意义”（Utterer's Meaning，Sentence Meaning，and Word-Meaning），*Foundations of Language*，4（1968 年 8 月），第 225—242 页。

的任务是，要给某些态度、行动或生活中的其他心理学方面（例如，意图赶上 5:01 的火车，尽某人的责任，过上一种幸福的生活）等提供一个哲学的解释，格赖斯将会问："一个人如何明晰地推理出他的态度、行动或实现他生活中的方方面面？"他天资聪颖，给出了很多具有启发性的回答，并借此说明这些态度、行动或其他各个方面是如何得到理性辩护的。20 世纪 70 年代，加利福尼亚大学伯克利分校中有很多人会关注并讨论格赖斯方法论的这一特征。当然，一个忧虑是人们并没有真正地按照格赖斯所设想的那样来明晰地进行推理。有一次，当他被责问到这个问题时，他（有些恼怒地）回答说："但是，必然存在一个理性的解释啊！"他一直将人视为理性的行动者，在一定程度上，他是通过对态度和行动的理性辩护来明晰地展开推导，并据此来定义理性的行动者。《理性的面向》呈现了格赖斯对"我们可能构建出的明晰论证（但事实上通常没有被构建出来）"和"充斥在我们生活中的态度和行动"这二者之间如何联结的解释。

Ⅰ. 实践的可接受性与认识论上的可接受性

格赖斯在第四章一开始就提到，"迄今，我一直处于理论探索的初级阶段，我现在将其重命名为'**歧义性**议题'，它相关于特殊的一 xi
般模态"。（90）格赖斯所说的"一般模态"指的是"特殊的普遍词项，例如'必须''应当''应该''必然'等"。（67—68）歧义性议题是指"这样一个或一组议题：考虑到特殊的一般模态，该议题主张，或者这些一般模态在跨越实践 / 真值性的界限时保持了意义的单一性，或者如果它们是多义的，那么它们的多义性将同等地展现在实践和真值性这两个维度的任何一端"。（90）目前而言，通过把理由划分为**做出信念的**（真值性）**理由**和**做出行动的**（实践）**理由**，我们认为可以借此来展现“实践与真值性的划分”。歧义性议题第一次出现在第二章，在那里格赖斯描述这个主张如下：

> 康德（Kant）坚持认为，来自真值性推理和实践推理中的理性能力是同一种理性能力。一个人应该如何去把这些能力和才能个体化，这还是一个谜……因此，或许我们可以让事情变得简单一点，如果……我们要问的是，出现在“真值性理性”和“实践理性”这两个短语中的“理性”一词具有相同的意义，还是（另一个可供选择的回答是）它们具有不同的意义，并且这种不同的意义或多或少是通过类比的方式关联在一起的。（44—45）[1]

歧义性议题并未狭隘地限定在语言学层面，尽管表面看上去是如此。这一议题的展开将构成格赖斯解释理性这一概念的关键部分。理解这一议题的第一步是去回答这样一个问题：格赖斯通过“实践与真值性的划分”到底意味着什么？

在回答这一问题时，格赖斯提到，辩护性理由“可以（或者这一点被广泛认同）被划分为实践理由和非实践理由（即真值性理由）”（67—68），同时他观察到：

> 大部分人（甚至是哲学工作者）通常都持有如下的立场：［无论是在实践的语境下还是真值性的语境下，］“理

[1] 此段引用的原文是，“康德坚持认为，来自真值性推理和实践推理中的理性能力是同一种理性能力。一个人应该如何去把这些能力和才能个体化，这还是**一个谜，尽管我希望它不是无法解决的谜。因此，或许我们可以让事情变得简单一点，如果我们不是去问康德的观点是否是正确的**，而是去问……”（黑体字是沃纳添加的）我不希望我对引文的省略暗示着格赖斯放弃了“［把理性视为］一种能力”这一主张。发展出一个关于能力和才能的理论，这是最贴合格赖斯心意的，也是他最珍爱的，并且这一主张在《理性的面向》中反复地出现。

> 性”都具有单一的意义，［举例来说，做出行动的理性和做出信念的理性是同一种理性］……但是，当我考察其他一些与理性关联紧密的语词时，这一立场似乎就会发生改变。（我猜想）康德会坚定地赞同以下主张，即出现在（1）“对你来说明天要去医院，这是必然的”和（2）［当某人拿着一根火柴靠近一张纸时，他说］“纸将被点燃，这是必然的”这两句话中的语词“必然的”（以及它的同源词）具有相同的意义……但是，我敢肯定有其他一些人不会［赞同这个主张］……假定“应当”（ought）一词（至少）具有两种不同的含义，这是一种很常见的看法。例如，（1）“你应当去剪剪发了”和（2）（几个小时后，对其他某个人说的）“现在他的头发应当剪完了”就展示了“应当”的两种不同的含义。我们分别把这两个“应当”称为实践的“应当”和认识论上的“应当”。“这个屋顶必然（must）已经塌了”（The roof must have fallen in）和“管家必然会修好屋顶”(The butler must repair the roof)，这两个句子中的“必然”是不是也有不同的含义呢？（45） xii

我们将有序地给出更多的例子，用以展示实践的“应当”和“必然”，并展示认识论上的“应当”和“必然”。首先，考虑认识论的情形。只要我还是理性的，我就必然会相信许多事情。我必然相信三角形有三条边；相信水在零摄氏度以下会结冰；相信我的名字是理查德·沃纳。根据证据，在上述每一种情形中持有相应的信念是唯一理性的选择；并且，也是在这一意义上，我**必然**且**应当**如此地持有信念。我们不必去担忧“必然”和“应当”二者间的差异，注意到以下事实就足够了：“必然”一般表示其他理性选项的缺乏，而“应当”通常暗示着一个考量可被其他考量所压倒（尽管“我［**诸事权衡后**］应当相信……”当然也可以用来表达认识论上的必然性）。比较来看，这里有两个关于**实践**必然性的例子。第一个例子：“我”正在离婚，为了待在“我”两岁女儿的身边，“我”拒绝了一个来自远方城市的工作机会，尽管它能够丰富并提升“我”的工作履历。这时，“我”说，“我**不能**去。我**必然**要留下来”。第二个例子：一个恐怖分子把一枚炸弹放置在一所小学里面，但我们并不知道具体的安放位置。我们已经抓到了这个恐怖分子，并且我们确信，只要我们对他动用酷刑，他一定会及时地说出炸弹的安放位置，进而我们将拆除炸弹。当有人建议动用酷刑的时候，警察局局长说，“我们**不能**。我们**必然**要去找其他办法”。这两个例子中，“不能”和“必然”的使用所表达的是**实践的必然性**，即关于行动或不行动的必然性。像认识论的情形一样，我们可以使用“应当”一词来表达这些［实践的］必然性。（例如，诸事权衡后，我应当留下来。）尽管，如前所述，“应当”一词还是意味着“一个考量有可能被其他考量所压倒”。

xiii 需要着重指出的是，认识论上的必然性似乎迥异于实践的必然性。“我必然相信”和“我应当相信”表达的是理性信念的要求。但是，“我必然不能动用酷刑”或“我不应当动用酷刑”表达的是规范性的要求。说我们所面对的是两种不同类型的必然性，这一点并非没有道理。在这两种情形中，“为什么它是必然的？”这一问题的答案是截然不同的。一方面，在认识论的情形中，这个问题的答案是，经验证据［必然地］迫使我们相信水在零摄氏度以下会结冰；另一方面，禁止使用酷刑［的必然性］则来自我们对人的基本尊重，无论他可能做过什么。

尽管有这样的考量，格赖斯依然主张认识论和实践上的“应当”/“必然”并没有意义上的差异；或者还是像格赖斯那样采用更一般且谨慎的描述：歧义性议题（the Equivocality Thesis）[i] 是这样一个议题，“考虑到特殊的一般模态……或者这些一般模态在跨越实践 / 真值性的界限时保持了意义的单一性；或者如果它们是多义的，那么它们的多义性将同等地展现在实践和真值性这两个维度的任何一端”（90）。无论这个议题是否成立，事实证明它的重要性远不及格赖斯在辩护这一议题时所采用的概念架构。这一辩护揭示了理性的重要特征，即使歧义性议题仍然广受争议。它之所以重要还有另一个理由：时至今日，拒绝真值性与实践的分野已是司空见惯，对于进一步去辩护那些业已被假定是正确的思想，人们大都兴趣寥寥。

把这些都记在心里，让我们转向格赖斯对歧义性议题的讨论。让我们继续以“应当”和“必然”为例，不过切记我们在这里所说的都可以推广到其他“一般模态”的讨论中。格赖斯对歧义性议题所作辩护的基石是这样一个主张：我们可以把真值上的可接受性（表述为“真值性的应当”和“真值性的必然”）和实践上的可接受性（表述为“实践的应当”和“实践的必然”）都视为一个更一般的**理性的可接受性**概念的具现或例示。因此，“他的头发现在应当（必然）被剪了”表达了一个判断，它是以一般的可接受性概念作为判断 [ii] 形式的；而“他应当去把他的头发剪了”则表达实践形式或意愿形式上的可接受性。可类比的是，在许多语言中可以在一个词根上加上尾缀来表示动词的时态、词性及其他。在格赖斯看来，认识论上的可接受性和实践上的可接受性共享了同一个“词根”，但“尾缀”不一样。

格赖斯引入了一些记号来解释他的观点。如他所述［此处他用 xiv
的是“应该”（should）而不是“应当”或“必然”，这是另外一种“一般模态”］：

我想要发展的观点有一个最初的版本，即我想把句子

（1）“约翰现在应该已经恢复健康了”和句子（2）“约翰应该加入高射炮部队［AA］”表征为如下的结构：**首先**，一个一般的“理性”算子“Acc”，它经常被表述为“这是合理的”、“这是可接受的”、“这应当是如此的”、“这应该是如此的”，或其他类似的表述方式；**其次**，选择两个情态算子中的某一个，在句子（1）中将被写成“⊢”，而在句子（2）中将被写成“！”；**最后**，是一个“句根”（radical），可以用“r”或其他小写字母来表征它。（1）的结构就是Acc+ ⊢+r，（2）的结构就是Acc+！ +r，每一个符号都落入它的前缀的辖域之中。新近许多作者在使用句根或“短语”（phrastic）[iii] 这个术语，我认为我的用法和他们完全一致；我把句根视为出现在句群的深层表征结构中的一个序列……(50)

包含“一般模态词”的**句子**，其结构是否可以被正确地表征为“Acc+ ⊢+r”或“Acc+！ +r”，我们暂且先把这个语言学上的议题撇开不管。我们现在关注的是思想的内容，而不是言说的结构。对此格赖斯辩护道，“应用这些装置表征思想的内容，尤其是表征思想中关于可接受性的内容，是合法的。这些装置最初是将言说中展现出来的模态差异性表征为结构性要素”（71）。[1] 如上所述，格赖斯用“Acc”表征“这是理性上可接受的”。因此，Acc A就读作“A是理性上可接受的”，或者更简单地读作“这是可接受的”，如果我们是

[1] 在原文中，这句话实际上是以问题的形式出现的，但格赖斯正面回答了这个问题。在这段原文中，格赖斯用“模态”替换了“情态”。他告诉我，这是他在斯坦福大学做“伊曼努尔·康德讲座”期间，莫拉夫西克（Moravscik）提出异议的结果。莫拉夫西克反对格赖斯用“情态”一词，认为这与语言学中该术语的标准用法不符，因此格赖斯改成了“模态”。

在理性要求这一理解下来谈可接受性。他用“⊢”来表示可接受性的判断属性。因此，Acc ⊢A 读作“A 是事实，这一点是可接受的”。 xv
他用“！”来表示可接受性的意愿属性，Acc！A 读作“**让 A 实现吧**（*let it be that* A），这一点是可接受的”。也许，这差不多是正确的读法了。为了澄清问题，考虑一下格赖斯的做法，他将“让它实现吧，我吃我的帽子”（Let it be that I eat my hat）作为“我应该（意图性的）吃我的帽子”的解释（59—60）。举例来说，当我说出后一句话，我是在表达一个意图，那么把它理解为“让它实现吧，我吃我的帽子”（Let it be that I eat my hat）就是有意义的。类似地，当一个手握判处罚金权力的法官说出“让被告来支付罚金吧”，这也是有意义的，它表达了法官的一个意图。关键之处在于，我们必须了解到“！A”隐含的意味是“A”是相对于一个合适的主体，即“A”的价值只限于刻画那个主体的意图时才会显现。正如格赖斯所提到的，“尽管不是在真值领域中，我们的确在实践领域中发现了一些有价值的例子，其中模态性是相对于单个的人而言的……”(57)，并且他还特别担心“这对之前的歧义性议题而言是一个很坏的预兆，因为实践领域中的模态性和真值领域中的模态性意义有别”（57）。正如他的讨论所表明的，需要对“Acc”进行某种相对化的处理，但是，出于我们的目的，我们不必再探寻下去。

相反，我们应该去问，这个概念架构如何帮助我们去解释实践上的必然性和认识上的必然性，这一点远非自明。这个概念架构是为了表征可接受性而设计出来的，它还没有对必然性做出过任何说明。这个概念架构与必然性之间的联结是通过推理得到的。格赖斯的立场是，从适当的前提**推导出**相关的陈述，据此实践的必然性和认知的必然性将得以展现。事实地推导出一个实践的必然性，这是展示格赖斯立场的最佳方式。第二节是我对格赖斯这一方法的重建，尽可能地忠实于他的潜在意图；第三节讨论格赖斯实际上说了什么，以展示这个重建的必要性。

Ⅱ. 实践必然性的推导

xvi 刑讯逼供恐怖分子的例子非常适合于我们的目的。假定我们不应该折磨恐怖分子的理由是有违人的基本尊严，无论在什么环境下这个尊严被赋予了他们。我们的目的无关于为何我们不应该刑讯逼供，甚至也无关于我们确实不应该这么做与否。我们唯一关注的是，如何从刑讯逼供有违人的基本尊严这一**假定**，得出我们必然不能折磨恐怖分子这一结论。

我们从这里开始：

（1）Acc！（人被有尊严地对待）。

（1）表明我们一致承诺一个原则，即人被有尊严地对待。下一步是：

（2）Acc ⊢（人被有尊严地对待，唯有我们不折磨这个人）。

（2）表明了一个判断，我们遵照“人被有尊严地对待”这一原则来采取一致的行动，唯有我们不折磨这个人。[1] 接下来，我们需要一个原则，使得我们可以从包含“⊢”和“！”**两者**的前提推导

[1] 此处使用的“唯有”（only if）需要加一个注解。我们对两类不同的使用做一个简单的区分。在第一种情形中，“A，唯有 B”的意思是，B 之所是对 A 之所是而言是因果上必要的。在第二种情形中，“A，唯有 B”的意思是“A 实现了 B”。例如，来到（波兰的）华沙就是对来到波兰的一个实现。

出只包含“！”的结论。格赖斯将它表述为“无论谁有意愿去达成一个目的，那么一定要有意愿去达成该目的所必要的且不可或缺的手段”。我们将它重述如下：

（3）对任意的A和B来说，Acc［如果！A并且├（A，唯有B），那么！B］。

继续看下一步，请注意（3）蕴涵了[iv]：“如果Acc！A并且Acc├（A，唯有B），那么Acc！B。”下面的改写将让这一点变得更加清楚，**理性上可接受**［如果！A并且├（A，唯有B），那么！B］，唯有：**如果理性上可接受**！A并且**理性上可接受**（├A，唯有├B）[v]，那么**理性上可接受**！B。因此：

（4）对任意的A和B来说，如果Acc！A并且Acc├（A，唯有B），那么Acc！B。

当然，我们也可以抹去从（3）到（4）的推导步骤，而直接用（4）来表征“无论谁有意愿去达成一个目的，那么一定要有意愿去达成该目的所必要的且不可或缺的手段”。但是，有两个理由不这么去做。

第一，（3）和（4）的意义并不完全相同。（4）将“无论谁有意愿去达成一个目的，那么一定要有意愿去达成该目的所必要的且不可或缺的手段”这一原则限定在（目的和手段）都是理性可接受的那些情形中。但是，（3）不会强加这样的限制，很明显的是，在思想和行动中我们用到的是（3）所表达的那种更宽泛意义上的原则。举例来说，假定我宣称有意愿去吃掉一个面包圈，而做到这一点的唯一途径是在零度以下的寒冷天气走出旅馆。可以用以下方式来谈论“有意愿去”的一种含义：如果我没有真正有意愿去走出旅馆， xvii

我就没有真正有意愿去吃掉一个面包圈。即便我有意愿去吃面包圈是不理性的，或者我判断外面的温度在零度以下是不理性的，无论何种情况（4）都是真的。[vi] 选择（3）而不是（4）的第二个理由是，在表述（3）中“Acc”看上去是独立的，它不能立即与“⊢”或“！”组合使用。如果“Acc”**不可能**独立地出现在推导中，我们就很难明白在什么意义上它指称了一个一般的可接受性。“Acc ⊢”和“Acc！”就只是“必然”和“应当”的一种复杂写法而已。格赖斯的确要让“Acc”独立地出现（参见第 xxi—xxiii 中的讨论）。但是，这里有一个困惑：当“Acc”独立地出现时，它到底意味着什么？我们将会回到这个困惑。

现在，我们可以看到的是，从（1）、（2）和（4），可以推出：

（5）Acc！（我们不折磨这个人）。

这个句子可以读作“这是理性上可接受的，让我们不折磨这个人吧”。若**给定**条件（1）、（2）**和**（4），则（5）是**必然的**。假定我们非常确定这些条件成立，那么，通过说出“我们必然不折磨恐怖分子”来表达这种条件式的必然性就是恰当的。也正是这种**条件式**必然性，才相关于我们说的实践的“必然”和“应当”。与“我”女儿待在一起的那个例子能很清楚地展示这一点。有一些事实，例如一些关于“我”的事实和“我”对“我”女儿的承诺，使得“我”应该和“我”女儿待在一起成为必然。把这些条件拿掉，就不会再有必然性。最后一步，值得提及的是，如果我们完全且无条件地相信（5），那么，只要我们是理性的并且不受意志薄弱的影响，我们就将得出：

（6）！（我们不折磨这个人）。

它可以读作“让我们不折磨这个人吧”，或更通俗地说“我们（有意地）不折磨这个人”。（比照格赖斯在原文第 62、63 页中的讨论。） xviii

现在，我们转向一些难题和异议，以进一步捍卫和解释格赖斯的立场。

第一个异议：这个异议说的是，有一些实践的必然性是**非**条件式的必然性。毕竟，如果有一些实践的必然性是从无条件地必然为真的前提中推导而出的，那么结论也应该继承这一属性，难道不是吗？但这不可能是正确的，因为没有什么结论会迫使着主体去做一个特定的行动。想要推导出一个特定行动具有必然性，需要一个连接目的和手段的前提，一个像“Acc ├（人被有尊严地对待，唯有我们不折磨这个人）”之类的前提。这种前提不会表达必然真理，因为这是一个偶然的事实，即它是一个特殊的事态使得相关的某个或某些目的实现了。当然，从某种意义上说，有一些实践的必然性会比其他实践必然性要求“更少”的条件，因为它们依靠更少的经验性前提。刑讯逼供的例子说明了这一点。一个人可能会（并非令人难以置信地）争辩说基础的道德原则是先验为真的，例如“人应该被有尊严地对待”。

格赖斯赞成这种观点。他将道德原则视为常识心理学的一部分，并为常识心理学赋予特殊地位。正如他在另一部作品中所解释的：

> 我所设想的、用来解释行为的心理学理论将是有缺陷的，如果它只是提供了一个解释和预测行为的工具，而没有将心理状态赋予特殊的意义。（举例来说，）这类旨趣是一个生物站在自身的角度能够归予另一个生物的，它们不仅仅是那些心理状态本身。在这样一个理论下，接受这个理论解释的生物将会获得更强的动机去反对抛弃该理论核

心概念（进而抛弃该理论本身）的做法。这个动机本身将（或者应该）被这些生物认为是［心理学理论的］辩护。[1]

xix 格赖斯把基础道德原则看作是常识心理学获得自我辩护的要素。当然，具有自我辩护性不同于具有必然性，但是格赖斯很清楚地把常识心理学中的这些要素当成是必然真的。

特别是，他把“无论谁有意愿去达成一个目的，那么一定要有意愿去达成该目的所必要的且不可或缺的手段”这一原则视为必然真的。他认为该原则在一定程度上定义了“意愿”所意味的东西。他在《理性的面向》中提出了相同的观点，但在更为复杂的背景下提出了它，因为他将该原则视为“基础的心理规律”：

> 让我们假设这是一条**基础的**心理规律，即对于任何（足够发达的）生物 x，**若其余情况相同**，无论其 A 和 B 是什么，**如果**［x 有意愿去 A］并且［x 判断出如果 A 那么 A 只可能是 B 的结果］，**那么**［x 有意愿去 B］。我认为它恰当地表征了“无论谁有意愿去达成一个目的，那么一定要有意愿去达成该目的所必要的且不可或缺的手段”；所谓**基础**规律，我的意思是这个规律或其中一条规律将赋予“意愿”和“判断”以特殊的意义，它们据此也就命名了用于行为解释的那些概念。因此，我假定，拒绝该心理规律将**剥夺**“意愿”和“判断”这两个词被赋予的特殊意义。（94）

诉诸“基础的心理规律”反映了格赖斯认可功能主义，并把它作为阐释心理学概念的一个途径。说这个原则是一个规律，这肯定是需

[1] “Method in Philosophical Psychology: From the Banal to the Bizarre”, *Proceedings and Addresses of the American Philosophical Association, 48 (Nov. 1975)*, 52 .

要澄清的，他继续说道：

> 如果 x 是一个**理性的**生物，因为此时他对于可接受性的态度至少在某种程度上是受自己掌控的（即意愿或判断上的赞同能够被**保持**或**拒斥**），那么说他遵从这个基础的心理规律，仅当以下陈述为真：
>
> （2）x 有意愿去（它确实是 x 的意愿）（对任意的 A 和 B 来说）如果 x 有意愿去 A 并且 x 判断出如果 A，那么 A 只可能是 B 的结果，那么 x 有意愿去 B。（95）

显然，这个规律是对（2）附加一些关于理性的假定而推导出来的，这使得它看上去不那么像心理规律，而更像是从某些关于理性的观念中推导出来的概念式真理。在文本中，格赖斯（几乎）很肯定地会拒绝心理规律和概念真理的截然区别，但我们没必要进入这个细节。关键点是简单的，他把“无论谁有意愿去达成一个目的，那么一定要有意愿去达成该目的所必要的且不可或缺的手段”视为非经验的。换言之，该规律具有非经验或非偶然性的属性。

第二个异议：“我们如何推导出一个实践的必然性”与“歧义性议题”二者之间存在某种关联，这一点绝不是清楚明白的。作为回 xx
复，考虑一个简单的认识论论证：为什么我应该相信我的名字是理查德·沃纳？当然，这个答案就是我有压倒性的证据显示这是真的。用格赖斯的术语体系来重现这个论证。我们开始于：

> （1）Acc（如果⊢存在一个压倒性的证据显示我的名字是沃纳，那么⊢我的名字是沃纳）。

它蕴涵着：

（2）如果 Acc ├存在一个压倒性的证据显示我的名字是沃纳，那么 Acc ├我的名字是沃纳。

因此，给定

（3）Acc ├存在一个压倒性的证据显示我的名字是沃纳。

我们有

（4）Acc ├我的名字是沃纳。

当然，这个论证将会变得更复杂，如果（3）“Acc ├存在一个压倒性的证据显示 A”是从适配的事实和关乎证据的原则中推导出来的。格赖斯花了很多步骤来完成它，其中他描述了整体证据原则并且认为该原则可同等地适用于真理性论证和实践论证。（80—87）然而，这个很简单的论证对于我们现在的目的来说已经足够了。它展示了我们是如何把一个认识论上的必然性解释为条件式的，正如我们在处理实践必然性时也是这么做的。当然，正如在实践情形中所展示的那样，关于评估证据的基础原则在何种程度上具有先验性（或非经验性），这里还会有争论的空间，但是我们可以将这个问题放在一边。

关键点或关键的主张是，任意的“一般模态”都可以用“Acc”、“├”和“！”进行类似的处理。将这一操作程序应用于每个“特殊的一般模态”都可以得到它们的细节式分析，而这最终将确立歧义性议题。格赖斯并没有提供这样一种分析。最多，通过展示如何将实践的“应当”与“必然”、认知论上的“应当”与“必然”都视为一般的可接受性概念的具现，他展示了确立歧义性议题并不是没有道理的。他无意做得更多，正如他所说的，把它当作一个研究议题，而不是当作一个将要完全确立起来的议题。

但是，他所推进的思考是否足以启动歧义性议题呢？对该议题 xxi
展开论证有赖于使用“Acc”、“⊦”和“！”来推导出实践的必然性与真值性的必然性。在这些推导中，“Acc”是独立出现的，它不会立刻和“⊦”或“！”结合。这是非常关键的，否则，就像我之前所说的那样，“Acc ⊦”和“Acc！”就是“必然”和“应当”的一个复杂写法而已。问题是：当“Acc”独立出现时，它到底意味着什么？它一定要指称关乎可接受性的某种态度，但是那个态度是什么呢？格赖斯提供了一些语言学方面的考虑，这将有益于我们认识到这种态度存在：

> 在我看来，这个想法得到了语言学上的支持……诸如“理由”和“辩护”这类词既可以用在真值性的领域，也可以用在实践的领域。“所有的理由都显示他是个傻瓜”和“所有的概率（或可能性）都显示他是个傻瓜”这两者在语义上差别不是很大……类似的语言现象随处可见，不论是相对于“辩护”，还是相对于“应当”和“应该”。来看“这是可期待的”这一短语，涉及它的言语行为将给我们带来更多的启示。说“一个律师一年将要挣到10万美元，这是可期待的”。尽管不是完全清晰且无异议，似乎有一种接近它的解释是“一个律师一年将要挣到10万美元，这是很可能的”。然而，去说“一个律师一年挣到10万美元，这是可期待的”好像难以避免会有一个实践上的意义。它断言……一个律师有义务（以这样或那样的方式承担责任）挣到一笔不菲的收入。**如果我们接受一个主张，即这两个**

陈述之间的差异［其中包括动词短语"将要挣到"(will earn）和"挣到"(earn）之间的差异］只是情态上的差异，那么，从真值性的话语跳跃到实践性的话语就可以表意为下位动词在情态上的一个跳跃。（49—50；加粗字体部分是沃纳的话）

以上的例子都支持了一个看法：情态算子"⊢"预示着可接受性的一般观念将受到真值性的渲染，情态算子"！"预示着可接受性将受到实践性的渲染。

当然，格赖斯并没有把这些例子当作决定性的证据或理由。他是基于意义理论的考量来增补这些例子的[1]。如果说话者意欲通过言

xxii 说一个形式上如此这般的句子来意味着什么，那么格赖斯对语句意义（sentence-meaning）的解释就是要去刻画说话者将要使用的程序。情态算子"⊢"和"！"在这些程序中占据了显著的地位。例如，用"U"表示说话者，"H"表示听者（在原文的基础上略作简化，见原文第 54 页）：

（1）U 将向 H 言说⊢p，如果 U 有意愿去（或意愿着）H 判断（或判断出）U 判断了 H 意愿着 p。

（2）U 将向 H 言说！p，如果 U 有意愿去（或意愿着）H 判断（或判断出）U 意愿着 H 意愿着 p。

在这里，"⊢p"表征直陈情态下的一个句子，而"！p"表征祈使情态下的一个句子。（1）把"⊢"链接到判断，（2）把"！"链接到意愿。允许这样的链接是出于一个理由：我之前也说过，格赖

[1] 对格赖斯意义理论的总结，以及格赖斯展开意义理论的文章，均可参见 Richard Grandy and Richard Warner (eds.), *Philosophical Grounds of Rationality: Intentions, Categories, Ends* (Oxford: Oxford University Press, 1986).

斯认为“应用这些装置表征思想的内容，尤其是表征思想中关于可接受性的内容是合法的。这些装置最初是将言论中展现出来的模态差异性表现为结构性要素”（71）。

通过展示情态算子不是这个解释方案独有的，它也在其他研究中发挥着重要的理论作用，格赖斯为实践的和真值性的可接受性的解释方案提供了一些支持。但是，具有决定性的一个考量是，我们可以使用可接受性的一般概念来解释事物，没有它我们就无法解释。格赖斯没有说明是否存在这种理论上的需求，也没有做尝试。我们可以在三个地方寻找到相关的理论需求。

第一个地方是格赖斯的意义理论。这个理论假设言说和思想之间具有系统性的联系，并且它们最好都用“Acc”、“⊢”和“！”来表示，这样就可以让情态算子既出现在思想的描述中，又出现在语句深层结构的描述中。这里也许让人有点迷惑。我们将“⊢”和“！”链接到“Acc”之上，而“Acc”的意思是“这是理性上可接受的”，的确，格赖斯就是这样来引入这个概念的。但是，他还使用该符号来表示心理状态。他提出了这些等价式（或接近于等价式，请参阅原文第71页）：

x 接受（认为）⊢p，如果（实际上也许是“当且仅当”）x 判断了 p。

x 接受（认为）!p，如果（当且仅当）x 有意愿去 p。

这里的“接受”指的就是一般的可接受性，即短语“这是理性上可接受的”所意指的东西。因此，我们可以把前文的（1）和（2）重写为： xxiii

（1）U 将向 H 言说 ⊢p，如果 U 接受！，H 接受 ⊢，U 接受 ⊢p。

（2）U 将向 H 言说！p，如果 U 接受！，H 接受 ⊢，U 接受！p。

将心理状态和情态算子做一个更加明显的联结，或许采用这种方式来重述言说的意义可以产生一些具有解释力的结果。

第二个地方（或研究领域）是对于可接受性自身的态度。也许，有些原则最好是通过一般的可接受性概念加以解释，例如一致性就是一个既适用于思想又适用于行动的观念，于是我们也许应该把一致性相关于一般的可接受性概念。

第三个地方是，我们对那些终极目标的态度也值得考虑一下，毕竟我们是通过它们来规划并指导自己的生活的——所谓终极目标指的是出于其自身的缘故而被我们追求的。设想我有一个目标，不妨说精通国际象棋游戏。拥有这个目标所关涉的是一种认知态度：我认知到自己是一名国际象棋棋手，并且我认为一个好玩的游戏就是要在动态的张力中展现力量之美；通过直觉和计算能力的锻炼，这些能力在数学和艺术中被认为是必需的，国际象棋游戏可展示棋手的创造性、勇气和实践判断力。我有动机去精通国际象棋，因为我就做如上之想。既然如此，为什么不把我对终极目标的态度当成是，一般可接受的一个单独状态再加上一个认知性的维度或一个动机性的维度？[1]

以上，我们较为充分地介绍了格赖斯对可接受性和歧义性议题所抱有的看法，除了有一点需要说明：我们所说的并不完全等同于格赖斯所说的。我已经偏离了他的原文，因为格赖斯自己对一些关键点的处理是有缺陷的，这些关键点我们刚才谈到了一些。在下一节中，我认为我们应该将本节中的论述视为对格赖斯所说内容的可行解释和更正。

---

[1] 在 Richard Warner 的 *Freedom, Enjoyment, and Happiness*（Ithaca: Cornell University Press, 1987）一书中的第一章，我支持这种观点。

Ⅲ. 格赖斯实际上说了什么 xxiv

我们的讨论与格赖斯的讨论之间的第一个区别是，我们的讨论围绕着实践必然性的推导。这不是他明确的重点。[1] 他的目标（在第四章末尾）旨在得出“如果［ ⊢A，唯有 ⊢B］，那么［！A，唯有！B］”。这里的要点是，一个真值性陈述蕴涵着一个实践陈述。是什么驱动着格赖斯这样去做呢？他说

> 这种跨界的障碍将在很多方面引起人们的兴趣：①它本身就很有趣，因为它提出了一般性的逻辑事实，很有趣的一般性逻辑事实；②有一类人认为实践的可接受性在哲学上是有问题的，但是对真值性的可接受性则完全不担忧，这类人可以放心了，只要他们想到实践的可接受性是可以从真值性的可接受性中推导出来的；③另一类人并不认为这两类可接受性概念有什么**特别的**问题，但是他们依然（无疑也**应该**）认为**二者**是需要哲学辩护的，如果我们能够显示——特定的真值可接受性得到辩护，就意味着特定的实践可接受性也得到了辩护，那么二者的哲学辩护也就推进了一步；④这种跨界关系的展示，其自身与**歧义性**议题及其前景有关。

在这一背景下，我们应该强调：我们的进路和格赖斯的进路在基本目标上没有什么差异。我们要推出一个特殊的实践必然性，“！我们不折磨这个人”（以及“Acc！我们不折磨这个人”）。同样的结果

[1] 必然性是格赖斯对手稿进行大量补充的最主要议题。原初手稿较少关注必然性。格赖斯撰写这些补充是在他特别关注康德的时期，尤其是关注《道德形而上学的基础》和《判断力批判》。

也会从格赖斯的进路中得到。他推导的结论是"如果[⊢A，唯有⊢B]，那么[！A，唯有！B]"。为了推导出"！我们不折磨这个人"，我们可以用"⊢人被有尊严地对待，唯有⊢我们不折磨这个人"来替换"⊢A，唯有⊢B"[1]，并且用"！人被有尊严地对待"来替换"！A"以及"！我们不折磨这个人"来替换"！B"。

xxv 解释格赖斯的观点时，推导出一个实践必然性似乎更多地服务于以下目的，即显示真值性的可接受性和实践的可接受性如何可被视为一般可接受性观念的变体；的确我们的进路与第三章的讨论非常一致：第三章中格赖斯显示的两类论证——论证我们应当相信什么和论证我们应当去做什么——具有平行的结构，进而格赖斯的第三章为第四章奠定了基础。除此之外，推导出一个实践必然性也是唯一直接明了的方式，以便解释附着在实践"应当"和实践"必然"之上的必然性。在许多情形中，格赖斯事实上并没有给我们留下一个必然性的清晰解释。

我们的进路与格赖斯的进路还有一个极为关键的相似之处（和不相似之处）。相似之处在于，二者都特别依赖前提"谁意图目的则谁意图必要之手段"。格赖斯从这个前提开始他的推导，我在之前已经说过，格赖斯表述为：（1）一条**基础的**心理规律，即对于任何（足够发达的）生物x，若其余情况相同，无论其A和B是什么，**如果**[x有意愿去A]并且[x判断出如果A那么A只可能是B的结果]，**那么**[x有意愿去B]"（94），并且他论证（1）蕴涵着"（2）x有意愿去（它确实是x的意愿）（对任意的A和B来说）如果x有意愿去A并且x判断出如果A那么A只可能是B的结果，那么x有意愿去B"（95）。然后，他继续论证说，（2）是真的，仅当"（3）x

[1] 我们用的是"⊢（人被有尊严地对待，唯有我们不折磨这个人）"，但是它等价于"⊢人被有尊严地对待，唯有⊢我们不折磨这个人"。

应该（准理性地）判断出，（对任意的 A 和 B 而言，）如果［有意愿去 A］是可满足的并且［判断出，如果 A 那么 A 只可能是 B 的结果］是可满足的，那么［有意愿去 B］也是可满足的”（95）。（2）能推出（3）是因为“考虑到 x 是理性行事的，x **应该**如（2）所示来进行意愿，仅当，x 判断出——如果有意愿去 A 是可满足的并且判断出如果 A 那么 A 只可能是 B 的结果是可满足的，那么有意愿去 B 也是可满足的；否则，在如（2）所示的有意愿进行时，他就自愿承担了从可满足的态度跳到不可满足的态度的风险”（95）。

请注意：格赖斯在（3）中引入了“x **应该**（准理性地）判断出”这一说法，这说明他已经在这个推导过程中诉诸理性的概念了。因此，格赖斯认为这个判断上的理性限制来源于我们作为一个理性且会做出意愿的生物本质。待会我将回到这一点。第二个相关的主题是，为什么格赖斯在（3）中用的是“应该判断出”，而不是“Acc ⊢”？当他在评论他将使用“目前为止我还没有使用过一个一般模态，即‘应该’模态，它暂未关联于可接受性的任何子型”时，他提出了这个问题。他继续说道：“在某一确定意义上，这是一个带 xxvi
有欺骗性的小伎俩，因为这样做的目的是要掩盖一些细节上的复杂性，如果我调用之前已经用过的模态，这些细节会把事情弄得很麻烦……”（91）[1] 这是令人困惑的，因为正如我之前也说过，格赖斯确实是用“应该”来解释“Acc”。［例如，“我想要探索的这一观念有一个最初的版本，句子（1）‘约翰现在应该已经恢复健康了’和句子（2）‘约翰应该加入 AA’表征为如下的结构。**首先**，一个一般的‘理性’算子‘Acc’……” (50)］在格赖斯的进路中，“应该判断

[1] 这句话继续说：“但是，我打算在不久后公开其中的一些细节，也许我的处理可以被认为是一种说明性手段，因此只是**暂时的**作弊手段。”公正地说，细节绝不会以解释“应该”（should）的使用方式来进行展示。

出”或者被单独地表征为“Acc”（意味着“这是理性上可接受的”[it is rationally acceptable that]），或者被表征为“Acc ⊢”（意味着“这是理性上可接受的判断”[it is rationally acceptable that it is the case that]）。依然，待会我将回到这一点。此时此刻，让我们继续格赖斯的推导。

他继续论证说，（3）蕴涵着：

> （4）x **应该**（准理性地）判断出，对任意的 A 和 B 而言，如果 [! A] 是可满足的并且 [⊢**如果 A 那么 A 只可能是 B 的结果**] 是可满足的，那么 [! B] 也是可满足的。

请注意：在（3）中判断和意愿都出现在条件句的**里面**（见 […] 中的加黑字体）。格赖斯要推导出（4）的目的就是要消除判断和意愿在条件句中的出现。他用“[! A] 是可满足的”来替换“[有意愿去 A] 是可满足的”，以及用“[⊢如果 A 那么 A 只可能是 B 的结果] 是可满足的”来替换“[判断出，如果 A 那么 A 只可能是 B 的结果] 是可满足的”，以达到目的。请注意，使用“⊢”和“！”这些符号是在表征判断和意图的心理状态。正如我们之前提到的，他赞同这些等价式（或接近于等价式）：

> （1）x 接受（认为）⊢p，如果（实际上也许是“当且仅当”）x 判断了 p。
>
> （2）x 接受（认为）!p，如果（当且仅当）x 有意愿去 p。

这就是在判断和意图的语境中来辩护符号“⊢”和“!”的使用。格赖斯在解释从（3）到（4）这个步骤时，论证说“关于可接受性的态度的可满足性，它将自身解决在这些态度（用合适的模态算子进行标记）的内容的可满足性（不同于第三章的讨论）上”（95）。

这种“可满足性”的使用需要解释。在第三章，格赖斯对“可满足性”做了如下解释：

> 通过运用**形式**的转化，我将把推理看作是用于扩大我们的可接受的一种禀赋：从一个可接受［的东西］的集合到另一个可接受［的东西］，并且要确保**价值**（*value*）从前提传递到结论，如果这些价值附属在前提之上的话。这里的“价值”我意指的是可以作为价值的一些属性（毫无疑问，它是一些特定**种类**的价值）。真就是这样的一个属性，但它不是唯一的；现在我们可以确定另一个，**实践的**价值（善）。因此，每一种这样的价值都应该被视为一个更一般的概念“**可满足性**”的一个特例。（87—88）

格赖斯主张下面两式等价：（88）

> 有意愿去 A 是可满足的，当且仅当，!A 是可满足的。
> 判断 A 是可满足的，当且仅当，├A 是可满足的。

并且

> !A 是可满足的，当且仅当，!A 是善的。
> ├A 是可满足的，当且仅当，├A 是真的。

由于最后一句话中的“是真的”是冗余的，这个双等值句就变成了“├A 是可满足的，当且仅当，├A”。

问题在于，就算给定这些双等值句，（3）也推不出（4），但是能推出：

> （4a）x **应该**（准理性地）判断出，对任意的 A 和 B 而

言，如果！A **是善的**并且 ⊢如果 A 那么 A 只可能是 B 的结果，那么！B **也是善的**。

格赖斯没有道理去消去“是善的”这一短语，他也不应该消去。说“！A 是善的，当且仅当，！A”，这是错的。在他的术语中，“！A”是在表达一个意图（“我将要做 A”），我当然可以不意图去做 A，即使意图去做它是善的。的确，我可以因为意志薄弱而不意图去做 A，即使我**相信**如果我有这个意图将是善的。不能消去“是善的”这一短语原本是有问题的，但让我们暂时将其搁置一旁并继续格赖斯的论证。

格赖斯说“如果 p 且 q，那么 r”逻辑等值于“如果 q，那么（如果 p 则 r）”，因此（4）蕴涵：

（5）x **应该**（准理性地）判断出，对任意的 A 和 B 而言，⊢如果 A 那么 A 只可能是 B 的结果是可满足的，那么，如果！A 是可满足的，那么！B 也是可满足的。[1]

他加了一句，“但是，如果 x 判断出，对任意的 A 和 B 而言，可满足性是以这种特殊的方式传递的，那么：（6）x **应该**（准理性地）判断出，对任意的 A 和 B 而言，（⊢如果 A 那么 A 只可能是 B 的结果，那么如果！A 那么！B）”。上面提到的“是善的”消去问题会在此出现：（5）并**不**蕴涵（6），但是蕴涵（6a）：x **应该**（准理性地）判断出，对任意的 A 和 B 而言，（⊢如果 A 那么 A 只可能是 B 的结果，那么如果！A 是善的那么！B 是善的）。格赖斯就此完成了他的论证，如果任何理性的生物都应该判断出，对任意的 A 和 B 而言，（⊢如果 A 那么 A 只可能是 B 的结果，那么如果！A 那么！B），那么：

[1] 格赖斯的实际表述中还涉及语义上的同意，并有意地在这个论证中引入“使用 / 提及”的混淆，不过这种混淆是无害的、可消除的。我已采取一种开放的态度来对待这一消除。

（7）对任意的 A 和 B 而言，⊢如果 A 那么 A 只可能是 B 的结果，那么如果！A 那么！B。

当然，（5）并不会蕴涵这个结论，但是可以蕴涵（7a）：

（7a）对任意的 A 和 B 而言，⊢如果 A 那么 A 只可能是 B 的结果，那么如果！A **是善的**那么！B **是善的**。

这就足以让格赖斯达成目的了，即一个真值性的陈述蕴涵着一个实践性的陈述，但是它并没有让我们看到如何推导出一个特殊行动的必然性出来，并且，正如我们所论证的，显示出（7a）对他的目标来说才是最关键的。

比较格赖斯的推导和我们的推导，这是有益的。他开始于"谁意图目的则谁意图必要之手段"，其被表征为"一条**基础的**心理规律，即对于任何（足够发达的）生物 x，若其余情况相同，无论其 A 和 B 是什么，如果 x 有意愿去 A 并且 x 判断出如果 A 那么 A 只可能是 B 的结果，那么 x 有意愿去 B"（94）。由于这个条件句的前件和后件中出现了"意愿"和"判断"，所以这个条件句本质上可被视为一条心理规律，毕竟这是一条将各种心理状态（或心理状态及行动）链接起来的规律。从这个前提，他很快就推导出（3）："x **应该**（准理性地）判断出，对任意的 A 和 B 而言，如果有意愿去 A 是可满足的并且判断出**如果** A 那么 A 只可能是 B 的结果是可满足的，**那么**有意愿去 B 也是可满足的。"（95）现在，他的工作就是要取消"意愿"和"判断"的出现使得他能够获得想要的结论，并且让这些词不再出现在结论中。正如我们已经论证过的，他的策略不是很成功。

在我们的推导中，我们回避了这个问题。我们将"谁意图目的则谁意图必要之手段"表征为：

对任意的A和B而言，Acc［如果！A并且├（A，唯有B），那么！B］。

格赖斯想要得到的结论“如果├A唯有├B，那么若！A则！B”就可以直接得到，因为它是下式的逻辑后承：

对任意的A和B而言，Acc（如果├A唯有├B，那么若！A则！B）。

而从这个式子我们又可以推出：

对任意的A和B而言，如果├A唯有├B，那么若！A则！B。

在这个语境下，这个推导成立是基于一个假定：如果任何一个理性的生物都要接受如此这般，那么如此这般就是真的（参见上面从第6步到第7步的推导）。然而，采用这种方式，我们却放弃了格赖斯想要的一些东西。我们不再把这个原则当成一个心理规律了，相反我们把它看作是一个先验原则，其在一定程度上定义了意愿是什么。格赖斯会抵制这一点，但为了让他野心勃勃的计划得以实现，我们的处理不失为一个可能的途径。

Ⅳ. 推理（*to reason*）是什么 [vii]

现在转向另一个反对意见，即反对格赖斯对实践必然性和真值必然性的处理。格赖斯花了很长的篇幅去回应这个反对意见。格赖斯把实践必然性的推导视为对行动和态度的一个**说明**（*explanation*）。这个反对意见说的是，仅仅展示一个推导过程并不能解释任何人实际的思想或行动。我们可以用格赖斯对理由本质的看法来阐述这一反对意见。在第二章中，格赖斯阐述了他对理由的看法，第三章中将这些看法总结如下：

> 关于"理由"（reason 或 reasons）一词，我区分了三种类型，我分别把它们称为**说明性的**使用（或情形）、**辩护性的**使用（或情形）、**辩护–说明性**的使用（或情形），现在我将后者重命名为"**个人性**"使用（或情形）。它们是互相联系的……如果某人认为一些特定的考虑是他做某事、意图某事或相信某事的**辩护性**理由，并且如果他实际上也因为这些去想而确实这样去做、去意图或去相信那件事，那么他实际上去做（意图或相信）那件事的**个人性**理由就是前述的那些考虑；并且，某人出于特定的**个人性**理由做了（意图了或相信了）某事，这也就为他去做（去意图或去相信）某事给出了一个**说明性**理由，此时**个人性**理由是**说明性**理由的一个特例。（67） xxx

当警察局局长拒绝折磨恐怖分子时，他这一做法的个人性理由是他坚信使用酷刑是错误的。这类理由和我在第二节给出的从（1）到（6）的推导（或者格赖斯在之前小节给出的推导）有什么关系呢？这个推导的存在将在行动的说明中发挥什么作用呢？答案就要到第一章格赖斯对推理（reasoning）的论述中去寻找。我们先对这个论述简要地总结一下，然后再回到这个推导所产生的说明性作用上来。

格赖斯强调推理是受目标引导的活动（activity）：我们是推理的意图是（至少通常是）为了产生**与某种目的相关的**理由。这种有意图的活动在于实践一种能力，即在［从前提到结论的］转化中**让理由得以保持**。其中，转化指的是思想之间（信念之间，或意图之间，或其他什么之间）的转化。在一个转化中让理由得以保持，当且仅当，必然地，如果一个人对初始集合有理由，那么他也对转化后的集合有理由。[1] 这种保持理由并进行转化的能力，像其他任何能力一样，可能会遭受损害也可能不会。好的推理指的是，运用这种未被损害的能力去做保持理由的转化；推理（无论好坏）都是对这种能力的运用，并且这种能力并未遭受很大的损害。格赖斯解释说：

> 我也许会用“价值范式”来称谓推理这一概念……要解释推理是什么（以及“推理”这个词或许意味着什么），必须首先去刻画什么是**好的**推理，然后去规定“推理”是
xxxi 可以应用于好推理的，并且也可以应用于近似于（在一定程度上）好推理的序列；好的推理这一观念，在一定意义上，是先在于推理这一观念的。（35）

格赖斯对推理的这个看法和格赖斯自身的立场是有差别的。他写道：

> 通过运用**形式**的转化，我将把推理看作是用于扩大我们的可接受的一种禀赋：从一个可接受［的东西］的集合到另一个可接受［的东西］，并且要确保**价值**（*value*）从前提传递到结论，如果这些价值附属在前提之上的话。这里的“价值”我意指的是可以作为价值的一些属性（毫无疑问，它是一些特定**种类**的价值）。真就是这样的一个属性，但它不是唯一的；现在我们可以确定另一个，**实践的**价值（善）。因此，每一种这样的价值都应该被视为一个更一般

[1] 我曾经向格赖斯提出过，这是他的观点。他同意了，但正如之前所说，我们在如何刻画这种能力方面存在差异。

的概念“**可满足性**”的一个特例。(87—88)

一种“禀赋”是一种才能或能力，因此格赖斯认为推理是将保持可满足性应用于“形式之上的一种能力”。我用“保持理由”来刻画形式转化，我使用这一术语也是为了描绘［持可满足性］同类的一般性（例如，理由可以是信念的理由、行动的理由等）[viii]。为推理解释为一种能力，他把很多的关注都放在**形式**之间的转化上。他把［推理］这种能力解释为**运用特定的一般性论证模式**的能力，其中形式之间的保持可满足性这一特征将通过证明来说明。例如，我们可以把“如果 p 并且如果 p 那么 q，则 q”这个推理中的保持可满足证明论的方式加以说明，只要我们在某些适当的［推理］系统中显示出它的可推导性。被这一想法深深地吸引着，正如他说：

> 我猜测，许多人会认为下面的看法是合理的——假定一个逻辑理论（或系统）所做的工作就是将一个语料库系统化，而先行给定的逻辑必然性出现在这个语料库中，并且（也许一个更自然的假定是）道德理论所做的工作（如果这样一个理论**存在**的话，或许它将做的工作）也是将先行给定的义务或责任系统化。但是，目前的做法不允许这种思考方式。如果责任是道德必然的，并且这种道德必然性在一个（可接受的）道德理论或系统中得到展示，那么这个系统是先在的，并且它不能被其他关于责任或道德必然性的系统所扭曲。同样地，一个逻辑理论也必须得到别样的刻画，而不是以它对逻辑必然性的关注来描述它。我觉得这个方向上的扭转很有吸引力，特别是它强调各种理论或系统的建构具有核心重要性，没有系统就没有必然 xxxii
> 性。(61)

格赖斯很清楚这里的困难[1]，与他不同，我认为这些困难是无法克服的。我并不认为，论证形式具有保持可满足性这一特征可以被充分地解释为这些论证形式的一个形式属性。我们需要借助于一个得到独立刻画的能力——推理（to reason）。但是，我们先将此问题放在一边。就我们的目的而言，我们只需要将推理作为一种意向性活动就可以了，这种活动就是运用特定的能力以做出理由-保持的转化。

我们的关注点是，用关于推理的解释来显示实践必然性的一个形式推导，它能够说明一个主体展开行动的个人性理由，并且，就我们的目的而言，它无关于我们刚才提出的困难如何被解决。让我们继续来看格赖斯的解释，他把推理看作是一种能力。他提到，我们有时候是这样来运用这一能力的：给出非常细节的、完整的分步骤论证，进而从清晰陈述的前提推出清晰陈述的结论。“我们让自己习惯于……我把它称为做推理的‘难方式’；至少当我们在遭遇困难时，或者整个推理过程不是很清楚时，又或者我们在面对一个难堪的听众时，诸如此类，我们会在实践中采取这种费力的、步步为营的程序。”（17）但是，我们也不总是这么做。“遵循推理的难方式既费时又费力；它只会用在很有限的情形中，因而当使用难方式的场合被大大限缩后，它是可欲求的。对难方式的一个替换性选择是**快方式**，基于习惯和意图我们使之可能……”（17）逻辑学家格奥尔格·克雷塞尔[2]展示了“快方式”。克雷塞尔曾经发表过一份

[1] 例如，哥德尔定理显示数学的必然性并不等同于一阶系统的可证性。格赖斯很清楚这一点，他设置的第一道防线是，他所说的“可推导性”不应该等同于一阶的可证明性。即便如此，正如保罗·贝纳塞拉夫（Paul Benacerraf）指出的那样，这里仍然存在严重的困难。

[2] 克雷塞尔（Georg Kreisel）是一个逻辑学家，在格赖斯的文本中被化名为“博特温尼克”。在20世纪中期，他是国际象棋冠军。1976年，格赖斯以较早的《理性的面向》草稿来做“伊曼努尔·康德讲座”，此时克雷塞尔是斯坦福大学哲学系的教授。当然，听众很容易就能知道这个化名是谁。

6 页的定理证明，假设后来其他人给出了一套完整的 84 页证明。[1] 这个长的证明是以“难方式”步步展开的，克雷塞尔的“快方式”跳跃了其中的很多步骤。但这还是推理，是对特定能力的运用以做出理由-保持的转化（参见原文第 11、12 页）。我们可以将克雷塞尔的“快方式”推理扩展为一个有着 84 页的完整推理，上述事实决定 xxxiii 了我们可以认为克雷塞尔在做推理。这向我们说明克雷塞尔的转化的确是理由-保持的，并且假定克雷塞尔有很好的逻辑和数学功底，这个推导存在是促使我们相信克雷塞尔做出了“快方式”推理的一个重要因素，**因为**他视这些步骤为理由-保持的。如果我们不能给出这样的一个推导，我们就有根据质疑克雷塞尔是否推导得很好，甚至他都不是在做推理（参见格赖斯在第一章中对不幸的夏洛普郡所做的讨论，他从小鸡在砍头后还能满地跑，用快方式“推理出”人的灵魂不朽这一结论）。

那么，是否存在一个推导，将决定是否赋予推理以“快方式”之名，并且，凭借着这一决定性的作用，这个推导将间接地决定存在的个人性理由到底是什么。“如果某人认为一些特定的考虑是他做某事、意图某事或相信某事的辩护性理由，并且如果他实际上也因为这样去想而确实这样去做、去意图或去相信那件事，那么他实际上去做（意图或相信）那件事的**个人性**理由就是前述的那些考虑。”（67）克雷塞尔认为他清晰陈述的前提是他相信结论的一个辩护性理由；

[1] 关键不在于克雷塞尔的证明不是演绎有效的。即使结论确实从前提中可推出，推理也可能是不完整的。从“每个人都爱我的宝宝，但我的宝宝除了我谁都不爱”中可以得出结论：我是我的宝宝。但是，有一种明显的感觉，即“每个人都爱我的宝宝，但是我的宝宝除了我以外什么都不爱”。因此，“我是我的宝宝”（至少对我们大多数人而言）不是一个完整的推理。完整的推理至少可以指出，假设对量词“每个人”有一个通常的论域，如果每个人都爱我的宝宝，那么，由于我的宝宝被包含在“每个人”中，所以我的宝宝也爱我的宝宝。但是既然我的宝宝除了我不爱任何人，那么我一定是我的宝宝。

并且，他是从前提出发通过推理而获得这个结论的——运用他的能力以做出理由-保持的转化——我们可以认为他是相信这个结论的，“因为他就是这么想的”，因为他相信前提是结论的一个辩护性理由。我们认为克雷塞尔在做推理，这一看法决定了我们认为他有一个［使其自身相信结论的］个人性理由，并且，因为我们认为克
xxxiv 雷塞尔在做推理的部分原因是存在这样的完整推导，所以这样的完整推导让我们在归附个人性理由［给克雷塞尔］时起到了间接性的作用。

对恐怖分子刑讯逼供和与“我”和女儿待在一起这两个例子都可以用这种方式来理解。例如，在第一个例子中，警察局局长想到了某些东西，如“刑讯逼供将违反人的基本尊严”，并且“折磨这个人也是与保留人的基本尊严背道而驰的”（当然局长不是非得按照这种方式来**表述**这些思想），并且他从这些思想中推理出（中间有间隙）结论“我们必然不能折磨这个人”。在第二个例子中，前提是“我”意识到“我”女儿的重要性以及“我”对她的承诺，“我”推理出结论说“我”必然留下来陪她。这样的推理能够发生，也事实上发生了，但是（正如许多人将要反对的）它不必非得如此。警察局局长也许从未如此推理。想象一下，从他幼年起就被灌输了“我们必然不能刑讯逼供”的承诺，并在他的人生中通过各种形式的社会条件加强了这种承诺。面对实施刑讯逼供的可能性，他没有进行任何相关的推理；相反他的反应是直接而本能的。类似的事情也会发生在“我”女儿的那个例子中。想象一下，“我”在人生的两种愿景之间陷入了困境。在很长一段时间内“我”无法决定，直到情感驱使着“我”留下来，而“我”也对此心安理得——这不是推理的结果，而仅仅是因为那是“我”自己最终选择的方向。第三个例子：一个孩子从两辆汽车之间快速地冲到大街上，而你的车子正高

速地来到他面前。你根本不会运用自己的能力以做出理由-保持的转化。相反，你会本能地去避开这个孩子。在这些案例中，我们始终可以有个人性的理由。例如，在孩子冲入大街的例子中，你当然可以这样想：你应该尽力避免伤害孩子，并且这个考量是你猛打方向盘的辩护性理由，并且**假定你**从这些前提**推导出**你应该躲开那个孩子，进而你得出结论说你应该猛打方向盘。推理以这种反事实的方式将你的思想和行为联系起来，并根据理由加以揭示。以这样的方式，你认为你应该躲开这个孩子部分地形成了你这么去做的个人性理由。

我们应该回过头来，简要地回顾之前提到的关于意义和方法论 xxxv
的未决评论。我们注意到：和他的一般哲学方法论一样，格赖斯把意义建立在下述二者间的解释性联结之上，即我们也许能够构建出来的清晰论证（但很多时候并没有）和我们通过这些论证可加以辩护的态度和行动这二者之间的解释性联结。之前我们对推理的全景描绘显示，格赖斯认为清晰的推导具有解释性功能，即便在这些例子中相关主体并没有实际地构建出这样的一个推导。这才是我们应该关注的重点，即对推理的论述可被视为对歧义性议题的辩护。

在离开格赖斯对推理的论述之前，我们应该简要地提出一个他花费了大量的时间和精力去思考的问题。格赖斯把推理视为一种能力导致了如下的问题：每个人是否具有相同的推理能力。从表面上看，答案显然是**否定的**，因为人们的推理能力明显不同。然而，这个答案并不契合他的主要兴趣，他的主要兴趣在于“从一个理性存在的观念展开推导可以得到一些极为重要的哲学结论”这一可能性。一个很自然的想法是，把这些哲学结论看作是从所有（无缺陷的）人都具有的并且在程度上无差别的理性属性中推导出来的结果。如果理性属性在程度上有差别，那么就会危及所欲求的哲学结论（例如，尊重他人的义务），即它们不是对所有人都成立的，而只是对具有一定程度的理性人才可能成立的。在一次精彩而又有洞见的讨论中，格赖斯通过各种方式考察了这一可能性，即为什么可以说我们具有相同的推理能力。作为导言，我的目的只是要大家注意此讨论与他整个理论框架之间的联系。

V. 幸福与终极目的的理性

我们已经简要地勾勒了从第一章到第四章各主题之间的关联。还剩下第五章“对目的和幸福的一些反思”（相关的讨论其实从第四章的结论处就开始了，为了方便，我将整个讨论称为“第五章”）。格赖斯转向对幸福的讨论，是因为他认为幸福延续了关于明智的可接受性的讨论。对此，他解释说：

> xxxvi 康德认为，存在一类假言命令的特殊子集，并把它称为“明智的建议”（counsels of prudence）。它非常类似于康德的技术命令（Technical Imperatives），除了一点之外：这个命令的完整形态所刻画的目的是“幸福”（一个人的幸福）这一类**特殊的**目的。翻译成我的术语，它似乎相当于说，存在一类特殊的子集，它们是一种条件式的，单称的实践可接受性，其结构为“这是可接受的，给定让 a（一个个体）快乐吧，则让 a 去成为（去做）G 吧……”（97）

这一段落将幸福的讨论与之前对实践 / 认识论的可接受性讨论联系起来。尽管如此，在第五章对幸福的讨论似乎与前几章是脱节的。除以上引用的段落外，明智的可接受性并没有使用第四章中的记号，也没有清晰地使用前几章中的任何概念框架。那么，为什么格赖斯会把这个主题包含进来呢？[1] 当然，一个较充分的答案是“为了完整性和内在的旨趣”。但是，他在第五章末尾得出的结论提供了更深层次上的答案。

他是以这样的方式结束了对幸福的讨论：

> 为了解决这些困难，似乎需要一个系统之外的条件，在这个条件下依照“价值”可区分出不同的目的或目的系统。在这里……我倾向于考虑这样的可能性，即一般的幸福这样的观念将诉诸一个人（理性的动物）的本质特征才 xxxvii
> 能被确定下来……（134）

有了这个结论，格赖斯就将自己的角色从“潜心研究难题的人”蜕变为一个观察者，即“是否可以从理性人这一观念展开推导以达成一些重要的哲学后果”（2）。通过这种做法，他将该书与他的其他著作联系起来。为了简要地了解这些联系，让我们问一下如何才能“依照‘价值’来区分各种目的或目的系统”。

格赖斯辩护了一个绝对的、非相对性的价值概念。他在这里采取两种进路。在《理性的面向》中，他采用了“一般的”进路：一般的幸福……所包含的目的以相对于特别个体的方式大量地实现，并且这些特别个体所展现出来的能力是造物主不得不赋予生物的，以便在人类的生活环境中最大限度地生存下来，简言之，以便针对不同的环境具有最广的管控力。这个想法是，让我们想象自己是半神，并按照我们自己设计出的一个理性方案来创造生物。格赖斯认为这样

[1] 第五章不是 1977 年斯坦福大学“伊曼努尔·康德讲座”的一部分。这些讲座的文本主要构成了第一章至第四章的内容。1976 年，在教堂山的一个座谈会上，他提交了“对目的和幸福的一些反思”。1979 年格赖斯在牛津举行的“约翰·洛克讲座”上，他的前四堂讲座和他的“伊曼努尔·康德讲座”一样。他在第五次也是最后一次讲座中使用了“对目的和幸福的一些反思”，因而将其作为第五章包含在《理性的面向》一书中。

的想法将产生实质性的哲学结果。[1]他的第二条进路是赋予自由概念以尊崇的地位。正如他在"行动与事件"（Actions and Events）中所说的那样，"行动（完人的行动）要求**理由**在场……并且这些理由反过来又要求它们所解释的行动应该是'强'理性评估的结果，此中所涉及的目的也不再限于只用一些隐秘目的可进行评估的目的"。[2]他没有在这两种进路之间做出明显区分，但是他的这两种研究进路无疑是可以区分的。[3]

格赖斯在解释道德时使用了"绝对价值"这一概念。他认为（或倾向于认为）"义务是道德必然性，并且道德必然性是在一个可接受的道德理论或系统中可证的某种东西"（61）。一个可接受的道德理论必须包含一些可引申为绝对价值的戒律。在《理性的面向》中，他认为，

xxxviii 相对于一个特殊的人，设想出一套让他如何那般行事的戒律来，这并不太困难。需要强调的是，这个特殊的人既是运作这些戒律的主体，也是运作这些戒律的受益人。同时下面的做法也不需要付出太多额外的努力：假定这些

[1] 至少从 1970 年到 1989 年去世，格赖斯都在非常努力地设计这个方案。他在《哲学的基础》（*Philosophical Grounds*）（Grandy 和 Warner 为主编）一书中通过"对理查兹的回信"（Reply to Richards）对这个方案进行了总结。

[2] *Pacific Philosophical Quarterly*, 67 (1986), 34 .

[3] 当我和格赖斯合作做第三次"卡鲁斯（Carus）讲座"时（它成了 *The Conception of Value* 的第三章），我们的讨论完全是关于自由的，而不是关于生物建构者的。很清楚的是，自由而不是生物构造者对绝对价值的推导至关重要。以下是和格赖斯合作时的个人印象：为了合作"卡鲁斯讲座"，我从洛杉矶驱车赶来，并在中午抵达。我们开始工作，喝着便宜的葡萄酒以驱散下午的疲劳；然后又换成雪莉酒，我们在晚饭前下象棋以作片歇；晚餐时格赖斯又从酒窖拿来了一批高档的葡萄酒，吃完后赶回去工作。周六全天工作，喝了许多咖啡（早餐是培根黄油炸面包），和前一天一样，下午和晚上也是工作。格赖斯在整个星期六晚上都没有睡觉，他一直在想着问题。周日吃完早餐后，他在没有做笔记的情况下决定了整个讲座的最终草案。

戒律是可以从有限数量的基本戒律中推导出来的，尽管依然参照于特殊的人，并且一般来说，可以在进一步的事实性前提的辅助下，使得该系统对此人而言是可自助操作的。这当然不是高枕无忧的：如果参照那个特殊的人这一点是不可还原的，即不可以通过参照该主体所属的人群来消去该主体，那么……这个自助操作手册就是这个特殊的人的自助手册（不是其他任何人的手册），这只是因为他“主宰”（无论是正确地或错误地）了他的目的是什么。我倾向于认为，这样一类或多或少表达了自我中心性的操作手册奠基了道德。（62—63）

只需一眼就能看出格赖斯对绝对价值和道德的关注。我们的要点只是要表明《理性的面向》与他在其他著作中探讨的更广泛主题密切相关。

Ⅵ. 结论

这个介绍最终是概要式的。它的目标是要将《理性的面向》作为一个整体呈现出来，并且我们并未触碰该作品中的许多细节。这个作品是 20 世纪最聪明、最有洞见的一个哲学家写出来的。

i “歧义性议题”要按照与字面相反的意思来理解，可能叫“无歧义性议题”或“单义性议题”更合适。不过二者还是略有差别：歧义性议题强调一般模态词“must”、“should”及“ought”等在跨越真值性 / 实践的界限时，要么是单义的，要么它们在这个界限的两端都是同样多义的。而单义性议题则去掉了后一个“要么”。单义性议题的具体讨论请参见原文第 70 页。

ii 判断形式（judicative form）区别于意愿形式（volitive form）：前者是对事实或信念内容做出的判断，它对应着真值性的可接受性，后者是主体意图的目的或欲望，它对应着实践的可接受性。具体的解释参见原文 52 页图 2。

iii 在对黑尔（R.M.Hare）的《道德语言》(*The Language of Moral*, 1952 年）中，短语（phrastic）用于表达不同情态句共享着一个句子："门被关闭。""去关上门！""门被关了吗？""难道门是关着的！"等，我们可以将"门被关闭"这个一般性的内容隔离出来，并在它上面添加各种情态指示词，从而产生直接陈述句、命令句等。参见《牛津哲学词典》中的"phrastic/neustic"词条。

iv 此处用到的是逻辑蕴涵（entails），这里需要加一个注解：沃纳至少要预设 Acc 算子既对"如果（if）... 那么（then）……"是可分配的，又对"……并且（and）……"是可分配的。后者争议不大，前者需要更深入地论证，沃纳在后面有说明。例如他在原文第 xxix 页将工具理性原则"谁意图目的则谁意图必要之手段"表征为"对任意的 A 和 B 而言，Acc［如果！A 并且 ⊢（A，唯有 B），那么！B］"，并认为"Acc(……)"中的内容是先验可接受的。"先验可接受"对"如果……那么……"和"……并且……"可分配，这一点我们是认可的。一个问题是，Acc 算子必须被表征为先验可接受吗？这构成了格赖斯和沃纳的研究进路的主要差异，沃纳在导言第Ⅲ和Ⅳ节主要处理这个问题，并以此展开格赖斯的宏大叙事。

v 与 iv 类似，这里沃纳还要预设 ⊢算子对"……唯有（only if）……"可分配。这个预设一般成立，因为 ⊢算子表征的是真值性的可接受性。

vi 沃纳指出，(4）表示了谈论"意愿"的一种含义，即"ACC"分别相对于单独的意愿（如"！A"或"！B"）或判断"⊢（A，唯有 B)"。此时，如果"ACC！A"或"ACC ⊢（A，唯有 B)"为假，那么（4）都为真。换言之，如果我不能理性地判断出我有意愿去吃面包圈，或者我不能理性地判断出外面的温度在零度以下，这都会让（4）为真，因为前者让"ACC！A"为假而后者让"ACC ⊢（A，唯有 B)"为假。(3）和（4）的差别在于，在（3）中"ACC"的辖域是包含意愿和判断在内的整个复合条件句，因此"ACC！A"或"ACC ⊢（A，唯有 B)"的假并不能让（3）为真。如沃纳所言，（3）才是对"无论谁有意愿去达成一个目的，那么一定要有意愿去达成该目的所必要的且不可或缺的手段"的正确刻画。

vii 理由（reasons)、理性（reason 或 rationality）和推理（reasoning）是具有内在关联的三个概念，它们分享同一个词根，却适用于不同的哲学研究主题。格赖斯要在元哲学的考察中建立起三者的统一性，这就是他的这本书为什么叫作《理性（reason）的面向》，这里的 reason 是一个元哲学中的概念，它在具体的领域中具现为理由或推理。

viii 在元哲学的讨论中，保持理由和保持理性没有差别，参见上一条注释。

第一章　理性与推理 3

绪　言

当我受邀来做这个讲座，我发现，我很难向你们传达我的欢欣雀跃和不胜荣幸。我在这所大学和这座城市度过了 36 年，它是我的精神和理智源泉。无论如何，我都在这里找到了自己的定位。我发现这是一个多么难忘的经历啊，在这些辉煌而又不太古老的城墙内，我再次做起了自己的老行当，把清楚的东西变得晦涩。与此同时，我也为我在英美学界中的地位感到自豪，因此我也很高兴旧世界再次把我召唤，又想起了我，以弥补我在离开她去寻找新世界后带来的遗憾。最后，令我感到非常鼓舞的是，我意识到自己在约翰·洛克这位伟大的英国哲学家的庇佑下演讲。作为我清晨三次拒绝奖金的一个慰问，在下午晚些时候约翰·洛克讲席向我敞开了怀抱。我祈祷我现在奉献的内容在他看来比以前更受青睐。

牛津

1979 年

4 # 导　言

对“理性”这一概念做哲学上的澄清，或者说对托庇于其下的概念家族做哲学上的澄清，一直以来就是我的兴趣所在，也是其他许多人的兴趣所在。这出于多个理由。就其自身而言，理性的本质是一个很有趣也很重要的哲学问题：在哲学家应该关注的众多观念中，理性是其中的一个重要成员。但是，除了这种兴趣之外，不止一位哲学家认为，从理性存在这一观念进行推导可能会获得许多至关重要的哲学结果。以亚里士多德为例，他认为他可以通过下面的步骤对人的终极目的进行刻画：人的目的是人的功能（*ergon*，*ergon* 是亚里士多德的《尼各马可伦理学》中的一个中心概念，指的是人依据其本性所具有的功能——译者注）之实现；人的功能是对人区别于其他生物之能力的最佳运用；这种能力就是理性（reason 或 rationality）；理性的最佳运用就是对形而上学真理的沉思；因此那也是人的（初始）目的。而康德认为，从理性存在这一观念中可以推导出的重要结果之一就是附着在绝对命令之上的道德必然性。

我现在并不知道这些宏大的结果是否可以从“理性存在”这一概念中推导出来，但我暗暗地希望它们是可能的，并有一种挥之不去的欲望，想要找出它们是如何可能的。困扰我的一个主要方面（这不仅仅是我的困扰）在于揭示这个游戏规则时所遇到的困难，或者说，在于理解什么样的程序才可以算作是推导时遇到的困难；困扰我的另一个方面是，从哪个起始点去介入理性存在这一观念，这
5 里有着令人绝望的混沌不清。因此，我最初的角色是一个潜心研究难题的人，经过一两次的探索，也许有益于澄清理性的观念。尽管如此，我希望你们能够对我保持宽容，如果我只是推测性地从那座高山的山脚出发，那曾是亚里士多德和康德攀缘过的高山，他们的

确攀登过。

在本章，我致力于发展一种主张：也许这样来做假定并不是没有道理，如果理性其本质是展现在推理中的能力，那么一个好的想法是去研究一下推理是什么。在随后的两章中，我将探索理性和理由之间的平行式的联结关系，特别是关注实践理由和非实践理由之间的关系。

理性与推理

以下两种观点具有同等的直观性：一者认为理性就是赋予我们去认知、运用**理由**的能力，一者认为理性就是赋予我们去参与**推理**的能力。的确如此，如果推理应该被刻画为一个推论链条的出现或结果，并且如果这个链条的实质就在于从一些初始的前提集通过推导而（依序地）得出结论，并且对这些前提的接受因而被视为理由，那么上述两个观点之间的紧密联系就不是偶然的。

让我们先来看推理的一个约略解释：推理是存在于思想或言语行为中的活动（通常是被接受的），换言之，推理就是先谈及一些初始的观念（命题），继而根据一个可接受的推论原则从在前的观念中推导出另一些观念。许多人倾向于同意关于该解释的另两个说明：**第一**，推理所使用到的推论原则是非经验的；**第二**，逻辑理论家的部分使命（或也可能是最基本使命）是对推理中所使用的各种推论[i]模式进行区分（演绎的或非演绎的），并且对这些推论模式中的推论原则进行系统化。正如理论家们所希望的那样，对推论模式的区分以及对其中的推论原则的系统化，二者共同解释并加强了人们对推论原则的赞同（但是在某些情况下削弱了人们对推论原则的赞同）。 6
这些推论原则在前理论阶段被认为是直觉上可接受的，因此也成为理论家们进行理论建构的原始数据。我现在就来探讨对推理的这个初步解释是否充分。

错误的推理

很显然，我们需要对这个解释进行修正。并不是所有的实际推理都是**好的**推理，有一些是坏的推理，有一些甚至骇人听闻。但是，我们的初步解释却没有留下任何空间来说明推理为什么会变坏，除了说一个推理的某个或多个前提是假的，或者说（可能）反常的世界不服从一个完美的非演绎式推论的结论。很明显，我们从前提到结论的每一个推论步骤不可能始终都是完美的。的确，在逻辑的黄金时期，即在逻辑变成数学的（小）分支之前，逻辑学家（或逻辑著作的作者）花了很多心思在关于谬误的讨论上，这是一个很可能被复兴的主题。因此，我们就不应该相信实际推理中的步骤都**是**以有效的方式给出的，而应该相信这些步骤被推理者认为是以有效的方式给出的。或者说，我们应该相信实际推理中的步骤，**要么**是以有效的方式给出的，**要么**是以推理者自认为有效的方式给出的。然而，这需要做进一步的澄清，并从中吸取一两个教训。杰克对一个他不是很熟识的人——吉尔说，“职业女性抽烟都很凶，你抽烟很凶，因此你一定是一个职业女性”。吉尔回答说：“很明显，你接受一个推论原则‘是 A 的都是 B，这是一个 B，因此这是一个 A’。但这不是一个可接受的推论原则。”如果吉尔真是这样回答的，有人会觉得这是在讽刺。也许，杰克**似乎**是在以接受这一推论原则的方式进行论证，但是我并不认为应该去假定他实际上**确实**接受该原则，不管是不是偶尔或暂时的。人们以一种坏的方式在做推理，有时候可能是接受了坏的推论原则，但是通常而言，他们所做的事情最好被看

作是，以这样或那样的方式错误地应用了好的推论原则。但是，是
以何种方式进行了错误的应用呢？假设吉尔换一种方式来回答：“很
明显，你错误地假设你的推论遵从一个有效的推论形式‘是 A 的都
是 B，这是一个 A，因此这是一个 B’。但是实际的推论形式是‘是
A 的都是 B，这是一个 B，因此这是一个 A’。”对比吉尔之前的那个
回答，**这个**回答会有所改进吗？我认为，没什么改进。有时候，人
们可能会错误地假设他们实际推理例示了某个**特殊的**有效原则，即 7
使事实上并非如此，其结果是他们做了一个坏的推理。但是，我并
不相信这会是一种普遍的情形，特别是当这个推理是如此简单时。
也许，对吉尔来说，一个更好的回答是：“你似乎弄错了，毫无疑问
的是一些深植在你脑海中的东西始终在困扰着你。我不会批评你说，
你实际论证所展示出来的无效形式是一个有效形式，我也不会错误
地认为你的论证是一个**直言三段论**。相反，我会认为你在此情此景
中没有意识到你的论证形式和**直言三段论**二者间的区别，并且，它
们之间的相似性解释了（如其所示，也从因果上解释了）为什么你
会认为你做的论证是一个有效的论证。”

到目前为止，对我而言有三个要点。①尽管不是没有例外，一般来说，坏的推理不是因为它自身遵从坏的推论原则，而是因为它误用了有效的推论原则。②我们的推理应该展示出有效的推论原则，这不仅是推理通常所具有的特征，也不仅是推理通常具有的并且推理者相信其推理所具有的特征，更是我们作为推理者想要自己的推理具有的特征。（它甚至是［实际推理］**应该**具有的特征，是我们力图去实现的东西，然而这些看法还未得到辩护。）③相信或有意愿让一个推理的片段符合于或应该符合于某些有效原则，这并不蕴涵着（尽管这也不排除）相信或有意愿这个片段确实符合于（或应该符合于）某**特定的**有效原则。某特定原则的运用可以是拟因果的，或

许对一类特别的情形而言，它的运用**应该**是拟因果的。此处提及的“拟因果”的意义当然要被澄清。

我希望，随着讨论的深入，某些或所有三个要点都将得到详细的讨论，并在内部关联起来。然而，在进入下一个子议题之前，我建议考察一个更一般的假定。诉诸我们所理解的实际推理（对实际推理的一个近似的理想的建构），对可接受的推论原则进行区分和系
8 统化，我们可以得到一个模型（或者是，得到无穷多模型的一个集合）。这个（些）模型或理想建构具体表现为以下三种形式：①它们是**分析的**模型，因为它们［与实际推理的］近似程度如此之高，以至于特定的思想序列成就推理之名；②它们是**解释的**模型，因为它们为实际推理是如何进行以及为什么这样进行做出了解释，或者至少为这种解释做出了重要贡献；③它们是**规范的**模型，因为它们为实际推理**应该**（或应当）以何种方式进行提供了典范。假如一个人沉溺于某种哲学空想的状态中，他也许会说，推论的有效性首先是推理的形式因、动力因，最终是推理的目的因。我的疑虑在于，不仅这些模型具有以上三种特征，而且它们不是偶然地具有这些特征。存在一个概念领域使得这三方面的特征汇聚在一起，并且这个概念领域是特别相关于生物的。除非我彻底弄错了，不然对这个猜想进行细节化的补充和系统性的发展将具有深刻的价值。

“不完整”推理

考虑我所称呼为“不完整”的推理或“不完全明显”的推理，一系列问题将会产生（尽管这些称呼显得有丐题之嫌）。这些推理注定要通过一个较成熟的反思来修正它们，我们手头有两类这样的反思：（*a*）给推理者的心灵附加一个进一步的前提（它或者是在显

意识中存在的，或者是在潜意识中存在的），不完整的推理可被转化成一个符合相关经典标准的推理；（*b*）也许推理者心中并没有那个进一步的前提，但是推理者会认为存在这样的前提，即使他不知道这样的前提具体是什么。对这两类反思进行优化是很有必要的。“不完整”的推理会引发许多问题，例如：大部分的实际推理并不全然符合经典的推论模式而是省略的三段论（举例而言），那么经典的推论模式如何来解释这一明显的事实呢？对于“不完整”推理所带来的问题，上述两类反思只是粗浅地给出了回答此类问题的两种可能方式。

让我们从一个简单的例子出发，在传统上它被归入省略三段论 9
的范畴。当杰克的头受伤时，对于杰克的担心，吉尔在表达自己的观点时说：“他（你）是个英国人，因此他（你）将是勇敢的。”似乎可以通过三种方式来解释这个例子。（1）按照传统的三段论逻辑，我们可能会假定：吉尔的推理是把命题——英国人一直都很勇敢——作为一个“隐藏的前提”，并且，这个命题存在于吉尔心中，或者是在她的显意识中（如果她在进行言说），或者是在她的潜意识中（如果她在进行思考）。将她的论证**补充完整**就会包含这个前提，因此它是经典有效的，只不过她所表达出来的真实推理（无论是在言说中表达，还是在思想中表达）都是一个经过裁剪的版本。当然，和潜意识关联起来的这种想法还存在许多的困难，但这都是**一般性的**困难，因此不会在一个特殊的情形中被强调。除了这些一般性的困难之外，还存在一个特殊的困难。知道吉尔所思所想的某人可能倾向于评价说，“那个结论推不出来啊”。他倾向于这样评价**不是**因为吉尔的论证在形式上不是经典的，而是因为他认为［隐藏的前提］英国人一直都是勇敢的为假。但是，在现在的这个解释中，这样的评价是不合时宜的，因为这个命题是吉尔完整论证的**一个前提**，并且一个前提为假并不意味着一个结论不能从它的前提中被有效地**推论**出来。（2）我们也可以认为“英国人一直都是勇敢的”表达的不是吉尔论证的一个**前提**，而是那个论证所具有的特定推论原则或推论规则（尽管这样的说法稍微有点让人误解）。更具体一点，对于“非形式”论证而言，我们可以假设我们具有所谓的推论模式；这个系列讲座的一个特征是完全无视使用和提到的区别，于是一个推论模式以下述方式来运转：“满足‘F’的任何东西也会满足‘G’，可以推出如果 Fa 那么 Ga”；满足“英国人”的任何东西也满足“勇敢”，基于这样一个（偶然性的）假定，我们可以推论出一个特别的推论规则，即“从 a **是一个英国人**可以推理出 a **是勇敢的**”。如果接受这种解释方式，对于非形式论证而言，它们就允许了具有偶然性或基于偶然性的推论规则，尽管不必然是允许了基于偶然性的推论模式。（3）一个最具有吸引力的观点可能是，我们应该考虑我们自身面对的不仅是**一个**论证或**一个**推理（例如吉尔的实际推理），而是**两个**推理或论证。其中一个是实际的（吉尔的推理），另一个是非
10 实际的或理想的（通过补充一个前提命题来重构吉尔的论证，并且吉尔心中并不明显具有该命题）：前者是非形式的，后者是形式的，通常也是经典的。吉尔的实际推理是（非形式地）有效的，仅当存在一个对它的重构是形式有效的，而且重构是把这个非形式的推理补充了一些为真的前提（某种意义上，它们也是吉尔心中具有的命题）。这个主张保留了未被表达的命题是一个隐藏的**前提**这一想法，同时也保留了推论规则具有非偶然性这一想法（因为在这些非形式推理中，除了形式的推理规则外不再涉及其他的特殊规则）。我认为，假如我之前的主张都是可用的，那么这个主张也是可用的，反之亦然。我将接受第三种解释方式，并继续就此展开讨论。

现在，另一个可能的麻烦就显现出来了。我们业已假定，在吉

尔的论证中隐藏的前提是“英国人一直都是勇敢的”。但是，我们为什么应该做出这个假定呢？隐藏的前提还可以是“英国人是勇敢的”“英国人一般是勇敢的”“英国人通常是勇敢的”“英国人很可能是勇敢的”，并且还存在其他的可能性。如果被选定，某些或所有这样的替换可能性都将让重建的论证具有非演绎的特征，但是，除去可能为假的前提和假的结论之外，它还是可以作为它的类（不管这个类指的是什么）的一个恰当成员。[ii] 这些思考促使我们去反思，在前一节我们所设想的例子中，杰克对吉尔最后的回答可以有一个致命的反驳，他可能会说：“你很明显假定，我的论证是从前提**职业女性一直都抽烟很凶**和**你抽烟很凶**推论出结论你**是一个职业女性**，并且它是一个**演绎**论证。如果你的逻辑教育不是那么狭隘的话，对你而言考虑下面的情形也是可能的，即它可以被当作是一个**非演绎**的论证，这样来看它也没什么错误。”但是，一个人如何去解决这类正在展现的不确定性，以及重建论证时的选择困难呢？去问做论证的人吗？诉诸宽容原则，赋予论证者以逻辑上最令人满意的重建或是令人不满意的方面最少的重建？如果我们选择后一途径，这个原则的基础是什么呢？

当我们转而去考虑不那么琐碎的例子时，这类麻烦会变得更加 11
明显和尖锐。不那么琐碎的例子指的是，清晰前提和结论之间的间隙在直觉上很大。让我给一个很极端的例子。当我还在牛津读大学时，有一个人是我的同学，他的名字我记不起来了。他的名字是一个英国的郡名，我们不妨叫他“夏洛普郡”。他在牛津大学的生涯很短。假定这不是一个令人惊讶的事实，在一个早期的哲学训练课上，他主张灵魂不朽可以通过以下事实来证明——如果你把一只小鸡的头砍了，它在死之前还能围着院子跑 15 分钟。这是一个推理的实例吗？在你回答之前，让我再给一个发生在真实生活中的故事，以作为我刚才所给例子的一个对比。大约在二十年前，有一位著名的逻辑学家，我把他的名字隐为“博特温尼克”(Botvinnik)，为一个（宣称的）定理发表了一个证明或证明概要，他的“证明”只有6页长度；两个哈佛大学的研究生（其中一个人现在已经是著名的逻辑学家）扩展了博特温尼克的证明，他们发现这个结论的确是一个定理；但是，他们的扩展足足有84页的长度。

现在，我有一个对夏洛普郡的“论证”的“扩展”。其形式如下：

如果灵魂不依赖于身体，那么它就是不朽的。

如果灵魂是依赖于身体的，那么它所依赖的身体部分就是它的所处之地。

如果灵魂位于身体之中，那么它就位于头部。

假若[iii]小鸡的灵魂位于它的头部，则小鸡的灵魂将被毁灭，如果它的头因为从身体上移开而丧失功能。

在头被砍了之后，这只小鸡围着院子在跑。

小鸡可以围着院子跑，仅当，它的灵魂控制着或激发了[这个活动]。

因此，这只小鸡的灵魂并不位于它的头部，也不依赖于它的头部。

因此，这只小鸡的灵魂并不依赖于它的身体。

因此，这只小鸡的灵魂是不朽的。

12 如果小鸡的灵魂是不朽的，人类的灵魂是不朽的**更不容置疑**。

因此，灵魂是不朽的。

现在，我想问自己的问题是：为什么我应该做好准备去相信哈佛学生对这个证明的扩展要归附给博特温尼克，就好像他原本心里就是这么想的，至少其中某些部分是可以如此归附的？为什么我完全不想把**我**对夏洛普郡论证的扩展归附给夏洛普郡？在第一时刻打动我的很可能是下列相关的考量：

> （1）毫无疑问，比起夏洛普郡的主张，博特温尼克的证明有更多的步骤；
>
> （2）博特温尼克证明的扩展很可能只引入了那些是真的而且很确实的命题作为额外添加的前提，而我的扩展则引入了那些是假的或很可疑的命题作为额外的前提；
>
> （3）博特温尼克过去一直是很睿智且很有成就的逻辑学家，而夏洛普郡过去既不显得睿智也不是一位很有成就的哲学家。

毫无疑问，这些考量都是相关的，尽管一个人会疑惑他是否更易于赋予夏洛普郡的所为以“推理”之名，假若它包含一些**更**令人印象深刻的“演绎”，例如，因为灵魂是不朽的，所以道德原则就具有绝对的有效性；同时，一个人也许还会问是否（3）的作用不能抹掉（2）的作用，因为，假若夏洛普郡是愚蠢的，为什么一个人就不应该归附给他一个重建的论证（其中包含明显不可接受的前提）？但是，我更主要的是去思考如下一个问题：如果我刚才提到的这些考量是相关的，那么为什么它们是相关的？

我应该对誓词或证言说点什么。下述的争议有益于我们的目的。某人 R 或许做了一个不完整的推理，如果你想要知道他心中是否有一个完整的推理，最直接的方式就是去问他。这将会解决问题。然而，如果你不能够去问他，那么就需要采用间接的方式，并且它是非决定性的。非决定性仅仅产生于那些不得不依赖间接方式的情形。对此，我有两个评论。第一，证言或誓词在多大程度上能够解决问题，这一点远非明确。任何一个上过哲学课的人都很熟悉这样的场 13

景：当学生们（尤其是初学者）在压力下展开或扩展一个他们所推崇的论证时，他们通常会做出（或会倾向于说出）一些没能正确表达其立场的陈述。这个现象也许可以通过我要重点强调的第二点得到解释：此类语境下的誓词或证言通常不具有人们毫不犹豫就假定其具有的那个特征；它们更多是**建构性的**，而不是**报道性的**。如果我问某人他那如此这般的想法是不是他的如此那般的想法的逻辑后承，我将收到的答案会初步地辩护以下假设，即不是因为对他心中曾经的所思所想做出报道才做成了这个证言或誓词。一般来说，我们更感兴趣的是某人所做出的一个推论步骤是不是好的，而不是根据他在现实瞬间中的心中所想来确定的推论步骤是什么样的。一个人也许会看到，此处所讲的证言和对计划的详细描述，二者之间具有类似性。如果某人为了达成一定的目标而提出一个计划，同时我问他在面对一个如此这般的紧急事件时他计划要去做什么，我期待他尽力向我描绘一个处理紧急事件的方法，而不是依据他心中所思所想给出一个符合实际的正确描述。我将称其为推论性证言，我将要解释它们的特征。

让我们做个总结。被我们提出、加以考察的议题需要经过两次修正，一次是在遭遇坏的推理时，一次是遭遇非形式的、不完整的推理时。为了能够处理后者，我们需要对不完整的推理进行重构，而这被证明是很难达到的目标。让我们称 s 和 s′ 都是包含一系列前提和一个结论的序列，更恰当地说，它们都是包含一系列命题和另一个进一步命题的序列，或者说它们是这些序列的一个类型（尽管这种说法不是很准确，但能指明我们的目的）。让我们假设 x 做出了 s（在言说中或在思想中）。我们称“形式上恰当”的意思是“具有真的前提，并且从前提到结论的步骤是形式上有效的”。

（1）我不能将“s 是 x 所做的一段推理”定义为“x 想到 s 是形

式上恰当的”，因为如果 s 是不完整的推理，那么 s **不**是形式上恰当的并且 s 也不可能被 x 合理地想象成形式上恰当的。

（2）我不能将“s 是 x 所做的一段推理”定义为“（∃s′）使得 s′ 14
是 s 的扩展，并且 s′ 是形式上恰当的”，因为（*a*）这个定义没有体现下述思想，即 x 想到或认为 s′ 是形式上恰当的，（*b*）这个定义会把坏的推理排除掉。

（3）我不能将“s 是 x 所做的一段推理”定义为“x **想到**（∃s′）使得 s′ 是 s 的扩展，并且 s′ 是形式上恰当的”，因为这个定义太弱了，并且只要（出于任何理由或无理由）x 相信一个非形式的序列以这样或那样的方式扩张成形式上恰当的，这一定义就会允许任意此种类型的推理（也许大家可以回顾夏洛普郡的例子）。

（4）我不能将“s 是 x 所做的一段推理”定义为“（∃s′）使得 s′ 是 s 的扩展，并且 x 想到 s′ 是形式上恰当的”，因为非形式推理的扩展会被不确定性给搅乱了；可能并不存在一个满足此定义的并且是确实可识别的扩展。

既然如此，我们提出这个关于推理的初步解释究竟意欲何为呢？

太好的也不是推理

尝试着对推理者的言说序列或明显的思想序列进行重构，同时让重构符合某些推理的经典模式，以此作为推理者在任意的实际推理中很可能会想到的，我到目前为止已经考察了这一尝试所引发的种种困难。现在，我转而考虑另一类不同的例子，将它们与经典的推论模式相联结根本就没有任何困难，相反要做出这种联结简直太容易了。有些小孩（不是很多）就会这样，他们表现得过于规矩了。

假若有人对我说“约翰已经到了”，我回答说“据此我得出结论说约翰已经到了”；或者有人对我说“约翰已经到了并且玛丽也到了”，我回答说“我得出结论说玛丽已经到了”；再或者有人对我说“我的妻子在家里”，我回答说“据此我可以推出有人在家里”。当我在回答中使用“得出结论”“推理出”这类动词时，这些使用不是显得非常怪异吗？诚然，如果把第一个回答换成“因此，约翰已经到了，是吗？”，此处使用“因此”一词将不会显得怪异。但是此处
15 使用“因此”一词并不意味着有一个推论做出来了，而是作为表达惊讶的一种习惯性用语（换种方式，一个人也许会说“很好，太棒了！”）。我整个的学术生涯有相当大一部分时间就是在探索这个问题，我不是没有意识到下述二者间的区别，即一个陈述为假和一个陈述为真，但它让人误解、不合适或无所意指以至于做出该陈述或多或少是不恰当的。但是，此时此地我并没有被诱惑着去使用这一区别。

或者，假若我在谈到这点后就结束本章，然后突然转而讨论另一个论证：“我有两只手，这是一只，这是另一只。假若又拥有更多的另三只手，则我将有五只手。假如我怀疑我的手是十只，并且决定拿掉其中四只，那么我还剩下六只手。因此，我将会比我现在所拥有的手多出四只手来。”一个人是否会心甘情愿地把刚才这番操作称为**推理**呢？然而，我刚才所做的言说是一个经典［推论］上可接受的陈述序列，对于这一点少有质疑。

或者，假若我不再使用自己习惯的、那种自由而又随意的写作方式，我把我自己的评论（至少是评论中带有论证性的部分）重塑为一个可实现的言说序列，并让这个序列中的每一个步骤都严格符合一阶谓词逻辑自然演绎系统中的规则。这相当于说，我把中世纪的一个论争更新为现代形式。坚持做出上述解读的勇敢灵魂倾向于认为我的操作是作为推理的结果呢？还是会认为它是对之前时刻所

做推理的一个古怪重塑呢?

这一串修辞式的反问句所建议的要点可总结如下：

（1）所给出的例子是否不能被赋予“推理”之名，或者它们是否只是侥幸取得“推理”之名，也许二者并不存在很大的差别。因为无论是哪种形式，它们似乎都违背了某些东西（也许在不同的例子中违背的是不同的东西），违背了我们推理概念中非常核心的东西。

（2）对推论的基础规则的**机械**应用，不论是单个地还是组合地应用，只是勉强（如果非得如此的话）可称为推理。这样的应用也许可以合法地进入可靠的推理（形成一些单独的推理步骤），但就它们本身而言并不是推理，它们的组合序列也不是。

（3）存在一个要求，即推理者或多或少地应该成为他 16
的推理的一个作者。鹦鹉学舌般地说出的语句序列不是推理，如果它只是**鹦鹉学舌般地说出**；尽管同样的语句序列可以是推理，如果它不是这般说出。

（4）一些例子是有缺陷的，因为它们是无目标的、无所指的。推理是特别面向**问题**的：小的问题、大的问题、问题中的问题、清晰的问题、模糊的问题、实践的问题、智力上的问题。反正都是**问题**。

（5）一个**纯粹的**观念流在最低限度上可被称为推理，即使它只是恰好符合逻辑。但是，如果它是被控制的，甚至是被模拟的，它就不再是推理了。由于干扰（被控制或模拟）的介入，原本的推理不仅走向了歧途，而且让自身变成与推理不相干的事物。

> （6）对于中间步骤过于详细的描述也是没必要的，在极端的情形下，这样做甚至会让推理丧失其名。在言谈中，过于精耕细作会违背会话准则，比如说违背已经被恰当建立起来的量准则。在思想中，这种做法会被冠上卖弄学问甚至神经质的名号。乍一看，也许人们倾向于说，相比于较少的明晰性，较大的明晰性是一个优点。这并不是说不明晰是**坏的**，而是说在其他条件相同的情况下越明晰越好。但是现在看来，适当的明晰性似乎是一个亚里士多德式均衡，并且我们最好花一些时间来研究一下是什么决定了这个均衡点在哪里。

在我看来，前述观察所带来的理论负担似乎是，展现在我们面前的、对推理的初步解释遗漏了一些非常重要的东西。它所遗漏的东西是把推理这一概念看作是一个**行动**，一个具有目的和目标的事物；简言之，它所遗漏的是推理与**意愿**二者之间的联结。更进一步，一旦我们让自己习惯于这些附加观念所形成的观念家族，而这些观念又是由推理概念的引入带给我们的，那么我们将有能力去处理之前摆在我们面前的窘境。因为我们可以说（举例而言），x 从 A（非形式地）推理出 B，仅当，x 想到了 A 并且他**意图**想到 B，并且他应该想到 B 是一个形式上有效的论证的结论，如果该论证的前提是对 A 进行增补后的结果。这一看法显然不同于推理的初步解释，后
17 者认为只要存在一些增补使得从 A 到 B 的推理是形式上有效的，这就足够了。把后者解释为推理是我不乐见的。

诉诸可靠推理的目的性可能会解决我所定位的窘境，我对此抱有相当的期望，但是，这绝不意味着我对此抱有完全的信心。因此，我将为解决那些窘境提供第二种可能的途径，在下一章我将这一可

能途径置入一个更大的背景下来进行讨论。[1] 让我们假设，我们已经让自己习惯于所谓的做推论的“难方式”；至少当我们在遭遇困难时，或者整个推论过程不是很清楚时，又或者我们面对一个难堪的听众时，诸如此类，我们会在实践中采用这种费力的、步步为营的程序。然而，推论性的判断通常只是因为它们实际的或被希望的目的而为我们所期望，因此它们不是出于它们自身的目的而被期望（在这方面，推论性的判断很可能与推论**能力**不一样）。遵循推论的难方式既费时又费力。它只会用在很有限的情形中，因而当使用难方式的场合被大大限缩后，它是可欲求的。对难方式的一个替换性选择是**快方式**，它是我们基于习惯和意图而变得可能的，并且这种能力［快方式］是我们所欲求的一种特质，有时候它也被称为智力，其在程度上有差别。[2] 可以做出一个**好的**推论步骤（存在这样一个好的推论步骤），再加上一个特殊的推论者在推论能力方面具有好的名声，二者共同决定了在一个特殊的情形中我们是否可以把一个特殊的变形或转化看作是推论的，继而把它看作（或不看作）是推理的一个情形。在此种解释下，对一个非形式的推理而言，必须存在一个对前提增补而且它应该全然地存在于推论者的心灵之中，这一要求不是必需的、本质的。尽管还是有很多**特别的**理由辩护这一要求。因此，博特温尼克所做的足以被赋予推理之名，而夏洛普郡所 18
做的则不然。

[1] 参见“Reply to Richards”，收录于 Richard Grandy and Richard Warner(eds.), *Philosophical Grounds of Rationality: Intentions, Categories, Ends* (Oxford: Oxford University Press, 1986)，以及 Judy Baker(ed.), *The Concept of Value* (Oxford: Oxford University Press, 1991)。

[2] 请参见下一章中有关“平凡”（flat）理性和变化理性的讨论，在那里格赖斯讨论了度上的变化。格赖斯 1988 年在此处加入了一段，而其他的文本则形成于 1987 年。

逻辑不能捕捉到的是什么？

到目前为止，我主要考察的问题是（尽管我所考察的并不仅仅是），如何把普通人的实际推理关联到一些完整的论证模式，并且根据经典的标准其中的部分论证模式是有效的，而形式逻辑将给出（有希望给出）这些有效论证模式的系统化。现在是时候提出一个问题了，即是否存在一些关于推理的本质特征是逻辑不能捕捉到的，并且这种不能捕捉不是因为逻辑还没有得到充分、完全的发展以至于我们需要更多的逻辑系统，而是因为推理的这些特征完全不适合用逻辑系统来表征。

考虑下面这个例子：数月之前，一个可怜的教授就在为一个研究所的十次正式讲座做准备，在讲座将要开始前一个月研究所要求他提供每次讲座的主题。他推理如下："噢，上帝啊，这简直是一团糟。我有成堆的材料，但是好像没有一个主题是值得倾听的，并且主题都没有成形，我陷入了一片混乱之中。如果我给他们心中曾经想到的十个主题，我不确定这是否符合它们最终要呈现出来的形态，假如有这么一个最终形态的话。事情总是会变成这样。我事先花了很多的时间，但是到了临近的时候我就崩溃了。为什么我要做这些讲座？为什么不是我去听讲座？我想要推掉这一切。然而，我对自己说，我还是要做这些讲座，推掉这一切会让我名誉扫地，所以我必须挺过去。无论如何，我可能没有一个很好的状态去对我所准备的材料的价值做出恰当的判断。但是，我明白这十个讲座必须有题目，并且我想不出心中还有其他更恰当的题目。于是，我就把这些题目给他们了，并向他们请求我在需要的时候能有变动的空间。在讲座即将开始之际，我已经准备好了四讲，这让我在讲座开始之时有了一些回旋的余地。"

这样的内心独白在我们的生活中是很常见的，而且不仅是内心独白，因为更多的推理都表达在对话中。我们现在说这个可怜的教授是在做推理，有人也许会质疑这一点（我自己对这一点也不是特别有信心）。但是我发现，当它出现在我面前时，我接受它是一个 19
推理的意愿在不断消失，因为我的内心独白中所包含的那些句子不能够恰当地被加上“他推理出”这样的前缀，它最好不要被看作是“**推理出**”这一情形中的要素，而要被看作**推理**范例中的要素并且是关键性的要素。这就好像停下来系鞋带或驻足观赏风景，它们自身**严格地**说并不属于散步的情形，但无论如何它们可以是与某一散步情形（即散步）非常相关的因素。假若允许这样的说法或解释，则许多实际推理会包含疑问、提出真实的或想象中的反对、假说或猜测的提出，甚至是情感的表达，诸如此类的东西。就这些因素与推理的特性相关而言，我们是否有信心说，逻辑在未来能够甚至应该尝试着去设计对这些因素的表征？或者说，如果逻辑学家不应该做这样的尝试，那么是否就没有任何一个领域让**其他人**对此系统性地展开研究了？就实际推理的这些特性而言，它们极度相关于个人秉性（我们通常将其作为好的推理者的特征），例如：构建有趣假说的能力、抓住要点的能力、做出类比的能力、知道什么时候**不要**去做推论的能力等。并且，即使对这些特征的形式刻画是可能的，仍不清楚的是这些形式刻画能否为相应特征的归属提供一个充分的基础。在自然演绎系统中，有一些逻辑机制可以标识出假定被做出，因此我们可以设想出一个装置来表征假说。但是，即便发现这个标识我们还是不知道这个被表征的假说是不是一个**好的**假说。但是，对顺序的表征不是对秩序的表征。我们也许会遭遇一个问题，它类比于伦理学中的一个恶名昭彰的问题——一个人的善和他的行为的善，何者（以这样或那样的方式，或者在不同方式的不同面向上）具有相对优先性，我们难以给出一个满意的解释。诚然，我们所关心的这类特征也许属于伦理学的范畴，当亚里士多德在《尼各马可伦理学》第六卷中讨论理智德性（intellectual excellences）时，他的确就是这样来定位它们的（或者对它们的定位与此相差不**太**远）。但是，把它们归入伦理学这一做法本身并不能解决问题。也许我可以用一种简要的方式来做出结论，并且我倾向于认为这种简要的方式与我刚才所提出的问题是相关的。

20 我想要提议的构想始于下述观念：当我们在探索理性的本质时，或者在询问什么具有理性时，我们手头至少有两个相关的概念，并且我们不能对它们置之不理。一种是“平凡的”、没有程度差别的、无变化性的理性概念。当人被称为理性的动物时，所应用的理性概念就是这个概念。相对于这个理性概念而言，没有一个人会比其他人具有**更多的**或**更少的**理性。另一种是有变化性的、有程度差别的理性概念，在这里有些人肯定会比其他人更加理性。有些哲学家也许不同意这一点：笛卡儿**可能**会认为，首先上帝不会如此地吝啬以至于要把人具有理性的问题留给亚里士多德；其次上帝也不会如此地不公正以至于让一个人比另一个人更加理性。第二个理性概念紧密联结着第一个理性概念，更进一步，第二个理性概念中的差异是**值**的差异：它最好是被当作更理性，而不是更不理性。以此种方式相互联结的概念并不少见。一个人知道如何去操纵控制器以便让汽车行驶在路上，可以在这一意义上说一个人知道如何驾驶汽车；但是还可以在进一步的意义上或相关的意义上说他必定知道如何驾驶汽车，即他是一个**好的**驾驶者。现在，如果推理被看作是理性的运用，并且“理性”（或“具有理性”）对于平凡性解释和变化性解释都是开放的，我们马上就可以对本章中出现的某些现象给出一个可能的解释。举例而言，是否要赋予那些我向你提出的、无目标的、琐碎的例子以“推理”之名，我们对此曾犹豫不决，现在就可以将其解释为：这些例子可以被称为“推理”，如果推理被视为“平凡”理性的一个展示，但它们不可以被称为“推理”，如果推理被视为变化性理性的一个展示。并且，进入推理但却不属于**推理出**样例的那些例子，可以看作是相关于变化性理性的评价但是却不属于平凡理性的样例的例子。

借用某些哲学家经常使用的一个例子展开类比，这有益于我延伸对两个理性概念的刻画。这个例子就是下象棋，我将在具有理性和下象棋的能力这二者之间做一个局部上的类比。平凡的下棋能力就在于知道象棋规则以及能够应用象棋规则，其中当然也包括移动 21
棋子的规则，这就好像平凡的理性就在于具有应用推论规则的能力。而变化性的下棋能力，或者说具有下棋的专长，不仅意味着要从规则之书中进行学习，而且要不断地进行下棋实践，要接受其他棋手的指导，要研读《现代象棋启蒙》之类的书籍，以及要为终局的失败支付罚金，等等。变化性的下棋能力其本质就是善于行动（善于下棋），正如变化性的理性其本质就是善于（或多或少地）根据推理法则来做出行动，换言之，根据推理法则来做出某一类或另一类的推理。说一类行动是某人**擅长的**（或多或少地）行动，这些行动必定是致力于某些目标的。这些目标可能会随着场合的不同而发生变化，它们或多或少是具体的并且或多或少也是终极的。在下棋时，我们既可以把这些目标定为取得胜利，也可以把它们定为更加局部的目标或中段式目标，例如用马来建立 KB5 以确立对弈中的优势。在推理时，我们可以把这些目标定为解决问题，它们可以是不那么具体但比较终极的目标，例如去理解康德绝对命令的第一个版本；它们也可以是比较具体而不那么终极的目标，例如去理解其中的一句格言是什么意思，并将其作为解决前一个问题的一个步骤。不论是下棋还是运用理性，在每一个特别的情形中，我们都发现有战略和战术这一大概的区分；战略和战术的内容，以及由它们所掌控的前进方向都依赖于所追求的目标是什么。

在特别的弈棋游戏中所展示出来的**策略**（我是这样来称呼它的），或者在特别的推理中所展示出来的策略，它们或多或少是具体的，并且彼此间还有一种从属关系。不仅如此，它们还是展现在两个不同领域中的**德性**（*excellences*），是彼此间具有从属关系的美德。弈棋中的美德具有多样性：一个棋手可能比另一个棋手更善于开局却不善于收局，或者，没有人能够比费斯切（Fischer）更好地使用一对象。正如弈棋中的美德具有多样性，变化性理性也统辖着一系列从属的美德。但是，我们现在必须说说存在于这对类比事物之间的显著差别。下棋是不**关乎**任何事物，而推理则始终是**关乎**某一特定主题或特定问题的。例如，推理可以是数学领域中的推理，也可以是神学领域中的推理。因此，不仅存在相对于数学的理性美德或理性特征，使得一些人比另一些人具有更多数学方面的理性美德，
22 而且一个人可以在擅长数学推理的同时不擅长神学推理。然而，我们的确有意愿允许将推理的一般性美德或一般性特性（quality）进行归与，正如我们也有意愿允许将具体美德或具体特性进行归与。不仅如此，一般性美德似乎也具有多样性。出于以下事实，我们让自己做出断言：一般的理性美德（或其中的部分美德）似乎是能力的某种特殊情形，是任何一个实践的承担者获得某一特性之能力的特殊情形。举例而言，这些特性包括简单性、经济性、正确性、创造性，诸如此类。从上述事实可以延伸出的另一个观点是，说一个推理是**关乎**事物的，这意味着推理也可以指向它自身；一个人不仅可以运用推理去计划建造一座鸡舍或一座教堂，而且当第一层次的目标变得不可及时，一个人可以策划如何去计划建造出一座教堂；

一个人甚至可以对此策划出一个哲学方法论，尽管很少有人这么去做。我们可以从后两个观察——一般的理性美德具有多样性以及推理可以转向对它自身的考察——中得出结论：我们不仅把平凡的理性看作是展现在变化性理性及其样例中的某种东西，而且我们认为平凡的理性为确定变化性理性自身的本质提供了推论性基础；不仅如此，平凡的理性也为那些更具体的、处于从属地位的美德式能力提供了推论性基础。举例来说，我们可以沿着下面的线索进行论证。

（*a*）让我们假设以下是可显示的，即真是一个**价值**。其中，价值作为一种**可欲求之物**；而真（更恰当地说，把真作为特殊情形的某些一般性特征）是可以应用于除信念之外的其他心理学态度的，例如欲求。

（*b*）平凡的理性就是运用推论性规则的能力，并且这些推论性规则不是任意的，因为它们挑选出的是可接受的变形，并且这种变形的符合要求性是有保证的（其中保证变形的符合要求性包括保真性），或者，在非演绎推理中变形的符合要求性是被期望的［尽管它不一定是被保证的］。

（*c*）在一个特定情形中，我们事实上做出此类变形是适合于我们的目的的，即它服务于我们的特别需要和特别环境。鉴于此，推论性规则可被视为对指令的遵从或不违反，推论性规则是我们所欲求之物。至于指令的确切含义，这还有待进一步澄清。

（*d*）由于推理时常是指向问题的，这甚至可能是推理的本质， 23
因此推理时常有一个特定的目标（至少是如此），这个目标就是推理者想要达到的目的。进而，推理时常可以被说成是成功的或不成功的（至少是如此）。

（*e*）展示在推理中的一些具体特性可描述如下：在运用推理来实现目标的过程中，具体特性就是那些一定会或很可能会促使推理成功的因素，换个角度，具体特性也可以是那些一定会或很可能会造成推理失败的因素，无论这些目标的特殊本质是什么。

(*f*) 除了平凡的理性能力的本质及该本质的蕴含之外，(*e*) 中的描述不需要再使用其他信息来源（即不再需要其他前提），至少**某些**美德是通过“理性人的概念”而被决定的。

理性论者希望从理性人这一观念中推出一些恢宏的结论。现在，如果上述论证都是可能的话，那么这些论证的结论也许不如理性论者的结论那么恢宏，但它们至少是实质性的结论；并且它们对建造理性论者的那座恢宏大厦是很有价值的，这种价值不仅是因为它们为那座恢宏大厦的建造提供了可用的前提，而且是因为这些实质性结论的推导有益于我们弄清楚建造那座大厦的方法论。

最后一点说明

上述思考也可以被另一角度的研究所加强，这个角度就是考察“理性的”（rational）、“合理的”（reasonable）这些语词的日常用法，以及它们的反义词的日常用法。一个人可能会期望：当这些语词被用作褒扬时，它们既可以指理性的某些一般特性，在一些情形下持有该观点的人可能是正确的；它们的确也可以指理性的**同一**特性，在一些情形下持有该观点的人可能是错误的。来看一些例子。期待我的妻子帮我洗脏球鞋，这一点对我来说是不合理的，但是这一期待却不是非理性的。我可以在一个非常合理的价格上买到一双球鞋，但我如何在一个非常理性的价格上买到它们，这就显得很不清楚了。在做生意或进行类似活动的时候欺骗一个人，这既不是不合理的，也不是非理性的，它只是让人有点反感。但是，当你知道自己可能会被发现并且你会因此而丧失非常重要的个人信誉时，你还去欺骗一个人，此时此刻我会认为你的这个举动最好是被视为“不合理的”而不是“非理性的”。可是，如果你知道在很大概率上你会被发现，并且一旦被发现你就会丢掉工作，而在这个艰难的时刻你很难再找到一份工作，如果这些条件都成立你还要去欺骗一个人，此时此刻 24
我会认为你的这个举动是“非理性的”。因为无法抵制一个诱人的邀约而跑出去喝酒，即使我已经决定要为明天的讲座做整晚的准备，我会认为这类举动既不是不合理的，也不是非理性的，尽管这一举动意味着脆弱和愚蠢。当我知道今晚我真的**应当**为明天的讲座做准备，即使我还没决定去做什么，此时我屈从于喝酒的诱惑，我的这个举动**可能**是不合理的，但却不是非理性的。因为我的笨拙而让我的公司陷入了困境，于是我向老板坦白了这一切，我的老板既可以合理地对待此事，也可以理性地对待此事。说他合理地对待此事，因为他没有让我很难堪；说他理性地对待此事，因为他用一种很冷静且很理智的方式告诉我应该从此事中吸取哪些教训。

对于如何区分“理性的”和“合理的”这一问题，我现在没法给出一个具体的解决方案，这不仅是因为我没有足够的时间，也是因为我非常不确定对此要讲些什么。但是，我的确认为自己获得了回答这个问题的两把“钥匙”。第一把“钥匙”是，“合理的”是一个真正的**否定性**词项，在这一点上它不同于“理性的”一词，就像有些人曾说过的那样，“不合理的”作为“合理的”的反义词，它们共同构成一个“连裤词”。具有合理性就是要相对地免于不合理性；**非常**具有合理性就是要免于更大程度上的不合理性，并且可以预期这种不合理性是一个人（或一些人）可以从特定环境中展示出来或例示出来的。第二把“钥匙”是亚里士多德给我的。在《尼各马可伦理学》第一卷中，他提到灵魂中的推理性（rationative）部分和非推理性部分都是具有理性的：前者**内在地**作为理性原则或理性知觉的源泉，后者**外在地**作为对理性原则或理性知觉的注意和聆听。我的观点是，把亚里士多德关于“具有理性”的第一个解释对应到语词“理性的”上，把亚里士多德关于“具有理性”的第二个解释对应到语词“合理的”上。应用到行为上是理性的，就是在行动的过程中［行动者］有能力去达到理性原则或理性知觉；应用到行为上是合理的，就是在一般场合或特殊场合中一个人不受欲望和冲动的干扰以遵从理性原则和理性知觉。

这一讨论的现实相关性在于，日常思想和日常言语行为将理性的观念具现为**规定**，即应该对欲望或情感加以控制的某种东西。因此，不自制现象（或意志薄弱）不应该被看作是意志理论和实践理性理论的一个绊脚石（因为这些理论在其他方面具有吸引力），尽管它通常被这些理论视为一个绊脚石。如果理性就是一种规定，那么被规定的东西失去掌控，这一定是有可能发生的，并且这种可能性在建构理论的开始就应该加以说明。进一步地，如果我们将我们的理性观念归整到具有亚理性本质的一个规定中，并且这个规定有可能失去掌控，那么我们就扩展了“理性人概念”，这使得一些有哲学意义的结论可以从这个扩展概念中推导出来，并且我们也给予了这些推导以较大的成功机会。尽管亚里士多德和康德对实践理性的分析精妙入微，但很难理解的是，他们在这里以不同的形式犯了同一个错误，他们都屈从于纯粹理性存在的幻觉。在我看来，他们都在关键时刻想到了理性，并且把理性作为区分理性存在和非理性存在的**关键性因素**，因为理性的实现必然是理性存在的最高目标；与此同时，他们都对这一区分性要素进行了单独的考察：尽管其他要素也会具现在理性存在上，但其他要素并不是理性存在唯一具有的。因此，对亚里士多德来说，人的首要目的就是无限接近于一个纯粹实体的行动；而对于康德来说，实践律只能是出于一个**神圣意愿**而应用在一个存在之上的某种东西，这个神圣意愿不仅可被视为可能是有用的一个幻觉，也可被视为真实存在着的一个事物。在我看来，这两位哲学家的实践哲学具有一个共同的特征，但它更多的是约束性的而不是有益的。

i 我们将 reasoning 翻译为推理，将 inference 或 inferential 翻译为推论或推论的。

ii 我的理解是，吉尔的论证也可以被重建为“英国人一般都很勇敢，你是一个英国人，因此你是勇敢的”。这个重建可能属于前提为假并且结论为假的情形，但是，除此之外，它仍然可以是一个推理模式“A 一般都是 B，a 是一个 A，因此 a 是一个 B”的实例，并且这个推理模式是非演绎的。

iii “假若……则……”（if…was/were…then…）是对虚拟条件句的翻译，以区别于“如果……那么……”(if…then…)，下同。

26 # 第二章　理性与理由

引　言

尽管这一章和下一章的主要议题是理由及其附着在理由这一主题之上的具体问题，在开始这一主题之前，我最好还是对前一章的主要观点做一个简单的概括。特别是，我想在离开推理这个主题时，加入一两个对它的反思。我首先提出了一个论题用作掩护马[i]，该论题将推理大致描述为思想或言说中的一个产物：一系列的观念或命题构成了一个初始集合，它们最终被看作是前提，再加上某些进一步的成员，并且每一个这样的成员都是根据经典的推论原则或形式上有效的推论原则从前提中推导出来的。作为对这一主题的评价，我给出下列五条说明。

（1）考虑到以下事实，即并不是所有的推理都是**好的**推理，一般来说甚至是那些坏的推理也是在使用**好的**推论原则或者是误用了**好的**推论原则，显然必须对这一初始主题做出修正。最容易想到的一个修正是，把“根据经典的推论原则可推导”这一表达替换成“被推理者认为是根据经典的推论原则可推导”这一表达。

（2）另一个麻烦由下述的明显事实引起，即大多数实际推理是非形式的或“不完整的”（如省略三段论），因此没有一个理智的推理者可以假定他们的推理如其所示地符合经典的推论原则。对此，一个自然的修正是这样的：符合经典推论原则的一个序列或被推理者认为是符合经典推论原则的一个序列，并不是实际已经做出的序列，而是对实际做出的序列的一个扩张，该扩张将合并推理者心中被假定具有的一些附加前提。这个很自然的修正也会遭遇困难：要 27
么该修正只是要求推理者应该想到有这样一个扩张就够了，推理者甚至不需要对这个扩张是什么表达任何看法，在此情形下，一些不配称作推理的例子将享有推理之名（比如说“夏洛普郡”的例子）；**要么**该修正要求推理者心中对这一不完整的推理有一个特殊的扩张，但是在此情形下，对实际推理进行扩张往往是不确定的，并且这种不确定性让我们扩张不完整推理的所有努力都变成了白费心思，最终它也会让我们希望推理的那些例子丧失推理之名。

（3）在“太好的也不是推理”一节中，一个显得过于规矩的序列激发我们产生出以下思想：推理的初步解释［那只掩蔽马］漏掉了推理的一个关键特征，即推理是与**意愿**紧密相连的。尤其重要的是，推理是一种典型的**行动**，是有目的、有目标的行动，它的一个显著特征是去解决**问题**。一旦这个特征被我们认识到了，我们在（2）中所遭遇的窘境就有了一个简单易行的解决方法。因为我们可以认为推理者**有意愿**让他做出的结论**是**他的前提的一个非形式的结论。比起一个人仅仅想到某特殊命题是以这样或那样的方式从一系列给定的命题中非形式地推导出来的，此时事情就发生了显著的改变——它明显不同于前者。

（4）对另一种推理类型的关注（如那位可怜教授的悲叹），让我们注意到推理还有一些不能清楚划界的特征，并且它们绝不是无关于推理的特征。然而，想让逻辑学家去捕捉这些特征却是徒劳的。这些特征的重要地位启发我们去思考，是否我们可以把理性区分为一种平凡的、无变化的能力（即运用推论规则的能力）和另一种具有变化性、程度上有差别的能力。在这一解释下，理性是一种德性或能力，并且它可以被细分成许多从属的德性或能力。此外，这两种对理性的解释也不是彼此分离、没有联系的，因为做出下述的推导完全是可能的：从作为一种平凡能力的理性概念出发，再加上解决问题时需要用到的某些信息，可推导出先验可识别的某些或所有
28 为变化性理性所区分的特殊能力。此类推导也可被视为，从理性人概念出发推导出实践结论这一纲领性方案的初步成功。

（5）理性人的概念将会被扩大，与此同时它作为起源性源泉的潜力将得到加强，如果允许我们把它看作是理性的一个本质特征，即它是对包括爱好、情感等要素在内的前理性自我的一个规定。

平凡理性与变化性理性

我想现在是时候用一种更精准的眼光和更少修辞的方式来考察和描述我们对“平凡理性”和“变化性理性”所做的区分，以及它们之间的大致联系。下面呈现的图景被我称为图景（1），与之对应的是一种理性（R^1），该图景具有如下特征：

（1*a*）不具有变化性（平凡的，不允许程度上的差异）；

（1*b*）基本的（相对于变化性理性而言，它是终极的，或者说它不能通过变化性理性来加以定义）；

（1*c*）不具有评价性（对 R^1 进行归属并不是对优点或缺点的归属）；

（1*d*）对**理性存在**这一类型而言，它是本质的、核心的，对**理性存在**这一类型的实例（token）而言，它也许还

是本质的、核心的，换言之，对未被扭曲的、非残缺的理性存在而言，它都是本质的；

（1*e*）在 R^1 下从属着一种或多种理性（R^2，R^3，…，R^n），后者意味着：

（2*a*）具有变化性

（2*b*）具有评价性，因为 R^2（或 R^3，…，R^n）具有程度上的差异，或者说，具有价值上的差异。

说 R^1 奠基了 R^2，这意味着 R^2 作为一个维度或一种德性，它是被推导出来的，并且对 R^2 的某些或全部描述都是从德性的从属性维度展开的。换言之，从（*a*）承载这些德性的主体（理性存在）拥有 R^1 这一必然事实，再加上（*b*）具有高度概括性的一些特殊事实，经由恰当的推导方式，R^2 被推导出来。

与图景（1）不同的是，一个人可能会是图景（2）的支持者，该图景的核心观点是：尽管图景（2）也会区分平凡的理性概念和变化性的理性概念，但每一个平凡的理性概念不再是基本的，而是 29
通过给变化性的理性概念强加此形式或彼形式的限制而产生出来的。并且，由于平凡的理性概念是如此产生的，即它**植根于**变化性的理性概念之中，这使得平凡概念不能够再为变化性概念的可评价性奠定基础。

存在多重的考量来辩护图景（2），或者说辩驳图景（1）。在针对后者的反对阵营中，有一派观点可能会对图景（1）的高度纲要式特征给出负面评论，并且他们要求对图景（1）展开更清晰的界定，但这通常是很难做到的。甚至对一些关键性的条目，图景（1）似乎也没法给出确切的说明：我们没法详细地刻画那些具现变化性理性的特性集合；我们也没有被告知什么样的推导模式是适用的，即适用于通过这些特性建立起德性的多重维度；我们也没有对哪些属于平凡理性，哪些属于回应这一诉求所必需的辅助性前提，这一重要区分做出清晰的界定。在这些理论的断裂带尚未被填补之前，或者尚未被讨论之前，没有哪个议题或哪个图景是值得讨论的。

伴随着这些责备与批评的是另一轮的炮火攻击。有人也许会论证说，想要建立起平凡理性和变化性理性之间的关联，图景（2）会比图景（1）更加契合标准的场景。在那些标准场景中，具有一般性的事实是，平凡的理性概念就是来自对变化性的理性概念加以某种限制。一个大房子具有平凡的“大”性质，这个平凡的“大”性质来源于一座房子比大多数房子更加大，或者说，一座大房子比其他房子在更高程度上具有可变的“大”性质。在其他的标准场景中，情况大多也是如此。也许可以这么说，存在一个理由使得我们去假定这个概念模式更好地适用于呈现出平凡理性和变化性理性的具体场景。在诸如此类的解释中，争夺平凡理性的候选者往往不止一个。举例来说，“是理性的”很可能意味着“是充分理性的”或“是完美理性的”，并且它**不会**遭受易于引起失败或缺陷的各因素之干扰；“是理性的”这一概念的初始含义可用于挑选出特定层次上的精确理性以作为变化性理性的具现，并由此产生出**值得重视的**理性层次。每一个这般的［理性］概念，尽管是平凡的却是非基本的，它们不要求自身是所有人都具有的普遍特征，或者它们不要求自身是大部分人都具有的近似普遍的特征。因此，平凡理性概念的所有候选者之中，最贴切、最恰当的那个候选者将会是可应用于任意一个［理
30 性］生物之上的平凡概念，只要这些生物具有**某种程度的**变化性理性，换言之，只要这些生物的理性度不是零。关于平凡理性的这样一个模型可以最严格的方式加以应用，它意味着不需要再设定一个理性度大于零的确定层次，并把它当作可称为理性的最低层次（它

的理性度也是大于零的）。因此，图景（2）就回避了图景（1）难以绕开的一个窘境：图景（1）不得不宣称，存在一个特殊的最小能力，它可以用来刻画所有的理性存在。在一定程度上，该宣称被图景（1）视为所有理性存在的核心所在，它依赖与下象棋的类比，它可以被**归属**给所有理性的生物，是这些理性生物具有理性的核心所在。就特别基本的推论性动作而言，这种最小能力表示的是在做此类推论时永不犯错的能力。如上所述的**归属**，即给任何一个理性生物赋予一个最小能力，无非是笛卡儿关于演绎不可错的主张在现代进行**翻版**兜售，可是这一主张现如今比之前更加不可接受。

在我所策划的这场对抗中，要对竞争双方各自的优缺点做出一个正确的评价将会导致两个困难，它也是现今哲学研究的两个空白：就我所知而言，对于智能（capacities）、才能（capabilities）、能力（aptitudes）、机能（power）、潜能（potentialities），以及诸如此类的其他观念，没有一个既充分又系统的讨论可揭示出这一概念家族的逻辑特征和逻辑内涵；对于变化的属性和不变的属性二者间的关系也缺少一个可行的透彻研究。尽管有这些障碍，我想还是能够做出一些回应以辩护图景（2）。第一个回应从一个主张开始。该主张认为，最好把图景（1）看作是一个**议题**，甚至是一个模糊的议题，该议题**首先**需要打磨**然后**才能检验真假，但这个主张不是看待我们所关心的问题的最佳方式。在许多哲学观念的发展过程中，这并非不常见的。要求或期待图景（1）**首先**得到澄清**然后**判定真假，这种做法可能是不符合惯例的，也许根本就没有一个可行的方法论对“首先……然后……”做出**分割**，即便在思想中也是如此。下面的场景有益于展示对上述要求或期待的批评：一个人大叫着“你首先要告诉我你主张的到底是什么，然后我再来审视你的主张是不是正确的”，在某些场景中这显得非常不合时宜。图景（1）最好被看作是一个研究计划，而不是一个已表达出来的模糊议题[1]，并且完善它的最现实的途径可表述如下。是否存在恰当的途径来刻画或决定变
31 化性理性的边界，对此我们还没有任何清楚的看法，从一些哲学家和其他理论家所做的一般性假设中或者从直觉中，我们可以得到一些看似可以作为理智德性的特性集合，并且在直觉上这些特性**应当**也可以通过图景（1）中所概述的方法作为德性被确立起来，如果的确存在**某些**德性可以通过此种方式被归属的话。这个关于特性的列表可能会包括这样一些条目：头脑清楚、关联性、灵活性、创造性。[2]

我们不妨做一个临时的假定，即这样的条目是可被建立的。从而，一个人就可以去探究存在哪些种类的推导方法。他还可以去探究：对于理性人的本质特征而言，哪些初始前提是需要的，这些前提的最小范围是什么，换言之，可以根据初始前提的这个最小范围界定出**人**类。他也可以去探究：在什么样的条件下或环境下，才能够赋予这些条目以他们所设想的、作为德性的身份。一旦这一任务有了结果，那么一个人可以继续去探究，还有什么**其他**可接受的德性可以从这些原材料中推导出来。他也可以继续去探究，就可推导的德性的范围而言，他可以给出怎样的一般性描述，由此我所刻画的任意的德性条目、任意的理论前提和任意的推导系统都可做出调整，只要这样的调整最终可生成一个更好的理论架构。所谓更好的

1 在这一点上，我要感谢与 Dan Isaacson 的讨论。

2 有以下特殊的 R–德性候选者（它们既可应用于人，也可应用于逻辑操作或事态等。）

头脑清楚	宽广度
透彻性	关联性
论证中的韧性	理智的明智性
灵活性	“嗅觉”（直觉）
有条理性	创造性
	敏锐性
	记忆力

理论架构指的是，无论根据何种标准，这类理论架构的优点是得到辩护的。如果这些努力一直未获得回报，或者只获得很少的回报，一个人就会放弃这一事业，随之放弃的也包括图景（1）。

这个占据统治地位的亚里士多德式方法论也可能因一个康德式的支持而变得更加饱满。先于“澄清—打磨—构建”这种图景（1）的辩护模式，我们也可能给出一个论证使得一些结构或在图景（1）的最初呈现中得到纲要式描绘的其他种类的结构是被理性要求的。但是，在知道哪些可以作为变化性理性的德性的适当条目之前，可以使用怎样的推导方式，以及这样的推导将使用哪些精确的前提，这些也 32
许都是有争议的。因此，存在一个好的理由去接受下述主张，即必定存在一个非变化性的理性概念，无论它的构成是怎样的，它使得可能存在的任意德性（或者说具现变化性理性的德性）都因它而获得相应的地位。一直到现在，我自己并不能提出一个这样的论证，尽管我猜测很可能会有这样一个论证，但是我想我可以指出该论证的一个无趣关系，即这个一般性论证至少可以让人对图景（2）产生怀疑，即使它并不能直接支持图景（1）。应归功于亚里士多德对 *dunameis alogoi* 和 *dunameis meta logou* 的区分[ii]，照着这个样子，一个人可以区分出很多种类的能力。我们首先要指出的是能力的一类子集，它们的实现不是需要付诸努力才容许有的东西：无论是因为说它们是一种能力是无意义的，还是因为一个人这么说的现实意义是混沌不清的，我们都不愿意允许某人可以在特定场合去寻求或实现人类的生长能力或消化能力，尽管一个人完全可以去寻求这些能力的促进（也许是通过吃药丸）。其他的能力是这样一类能力：一个人可以在某个时刻寻求它们的实现，例如我可以下定决心今天下午编织一双袜子。但是，无论是对编织动作来说，还是对实现或运用某人的编织能力来说，都绝不需要劳烦“努力”这一概念出场。戴着我的睡帽，耷拉着眼皮，打着雷鸣般的鼾声，我坐在那里不停地编织着，一件毛衣逐渐成形。对我而言，我可以既在编织又在运用我的编织能力。此外，如果我完全不懂编织，我在清醒的时刻可以很努力地去实施编织，但这一行动本身并不是编织。然而，有时候努力去 x 是 x-ing 的一个**必要**条件（其中 x 表示一个动作，即做某事已经例示在 x 之中了），或者努力去 x 是实现 x-ing 之能力的一个**必要**条件，或者它同时是二者的**必要**条件。以下假定对我而言是可理解的：一个人要去编关于上帝的五行诗，或者对我来说，我要运用编关于上帝的五行诗的能力，这就要求我应该寻求（努力、意欲）去编五行
33 诗，或者至少要去做某类事情即有意图地去做这类事情就相当于去编五行诗。再次地，有时候努力去 x 是 x-ing 的一个**充分**条件。如果我努力去尊重你，这一努力就可能变为（至少有一种解读是这样的）我**正在**尊重你，并且它也许还可以变为我在运用尊重别人的能力，不论我事实上做得有多笨拙。

现在的情况似乎是，如果我们可以主张（暂时在一种宽松的意义上说）——在能力可构成理性（变化性理性）的那些情形中，即使在最低的程度上运用这种能力也是对**寻求**理性之运用的实践，二者互为充分必要条件，那么我们就可以给出一个论证来破坏图景（2），毕竟图景（2）的一个蕴含是不存在最小的、具体的变化性理性。这是因为，如果**寻求**成为理性的（运用理性）就相当于成为理性的，再如果具有更多或更少理性意味着一种程度，即某人的行为在满足该行为的特定标准上的成功程度，那么一个人就不会具有更多理性或具有更少理性。为了把这件事说得更清楚一点，假定我们从理性行为的特定的实质性条件 P_1，…，P_n 出发，我们称之为原始理性的条件。这些条件可能会包括一些具体的、初始的推论规则。进一步，假定 X 理性地行事 / 行动就在于带有意图地做出一些行动，

即意图在行动中他应该要满足原始理性的条件，或满足这些原始理性条件中的某个或某些具体条件；并且对 X 而言，他是理性的就在于他有能力去理性地行事 / 行动。没能充分地符合原始理性的条件并不会降低他的理性程度，因为理性并不依赖于他的行动这一事实［事件］，而是依赖于隐藏在行动后面的目的。丧失理性，其中理性是作为一种能力，仅当 X 没有能力或正变得没有能力去**寻求**理性，或 X 没有能力去试图成为理性的，或 X 没有能力去**寻求**理性的展示。当然，这个论证的前景有赖于它的初始假定获得支撑的可能性有多大，即理性是一种能力，是在某个场合中实现它自身的一种能力，并且在那个场合中实现理性之**既**充分**又**必要条件就是目标朝向理性的实现或寻求理性的实现，尽管我不会在这里尝试着去支持该主张， 34
但我倾向于认为该主张是可以得到支持的。[1]

值得提到的是，随着这个讨论的展开，它逐渐展示出它与风行一时的某伦理学问题的讨论惊人地相似，这个伦理学问题就是尽责的行动（他们经常使用这个说法）与出于一定动机的行动（尤其是在负责任或承担义务的意义上）二者之间的关系问题。正如运用或实践理性可被表征为按照"做某事就是服从理性的命令"这一思想来做某事，因而尽责的行动也可被表征为按照"做某事就是服从责任或义务的命令"这一思想来做某事。将这个问题从布满灰尘的阁楼里清扫出来也

1 模式 A——图景（2）：

（*a*）X 展示了［平凡］理性 F，**当且仅当**，x 展示了**某种**程度的［变化性］理性 V。

（*b*）不存在理性 V 的最低程度或确定程度。

模式 B——图景（1）：

（*a*）X 展示了理性 F，**当且仅当**，x 寻求展示原始的理性。

（*b*）可能存在原始理性的程度，但是具有理性 F 并不需要对原始理性有任何程度上的展示；x 可能在很大程度上违背原始理性，但是他却具有非变化性的理性［平凡理性］，因为他寻求［或意图］很大程度上地遵从原始理性。即使一个人不具有原始理性，他也可能具有理性 F，因为理性 F 是对原始理性的一个寻求，仅此而已。

许是很值得做的一件事情，因为不论这个类比是否成立，在不久之前就有一些敏锐的哲学家，请大家回忆康德，他们将道德能力假定为理性能力的一种特殊情形以寻求对这一类比的解释。

现在的情况是，即便我所给出的论证或许让支持图景（2）的人遇到了困难，但是支持图景（1）的人是否就有了更多欢喜的理由呢？这一点绝不是显而易见的，因为这个论证同样也可能会对图景（1）构成挑战：图景（1）主张存在一个基本的平凡理性，并且它是相应于变化性理性的各种德性的基础的，然而我给出的这个论证也许对图景（1）的这一主张也是不利的。的确，看到这一点是很重要的：并非只有这两张图画（或图景）陈列在画廊中。现在，我将给出第三幅图景，我首先把它应用在推理概念之上，并且认为一个平行的模式也可以应用在理性概念之上。

有三个观察，我想对它们加以强调。我想，这些观察都会勾勒出值得进一步探究的问题的大体轮廓，而某些问题或所有的这些问题又会导致更深层次和更大广度上的研究。

35 （1）坏的推理通常（尽管不是总是如此）使用了或误用了和好的推理一样的推论原则，或者说，使用了一样的“好”原则，这一思想促使我进一步意识到，我也许会用“价值范式”来称谓推理这一概念。推理这一概念的情况也许不像气候、高山或大雨这些概念的情况一样（尽管就这一断言我依然会有疑问），因为我们可以独立地刻画那些可算作是这些概念的实例，并且继而，这里应该有一个需求，即一些评价标准需要被涉及并得到刻画，以便我们可以去区分哪些是好的气候而哪些又不是好的气候。其实，要解释推理是什么（及“推理”这个词或许意味着什么），必须首先去刻画什么是好的推理，然后去规定“推理”是可以应用于好的推理的，并且也可以应用于近似于（在一定程度上）好的推理的序列：好的推理这一观念，在一定意义上，是先在于推理这一观念的。在我心中，有一个非常重要的问题：价值–范式概念其**外延**到底有多大？它到底会延伸多远？这其实不需要多么敏锐的眼光，而只需要一个人愿意用他的眼睛去看到我们的言语和思想都浸润在目的概念之中；去说这类事物到底是什么，部分原因在于我们过于频繁地说它到底是为了什么。举例来说，这个特征也可以应用于我们言语中或思想中对轮船、鞋子、密封蜡和国王等概念的讨论。并且，很可能或更令人激动的是，它甚至可以延伸到卷心菜。我猜测，价值–范式概念可应用的条目都是以多种方式中的一种或另一种，相关于生活这一概念，当然也包括生活概念自身在内。此外，允许特定的思想片段或言语片段浸润在目的这一概念之中，和允许它浸润在价值这一概念之中，二者之间似乎只有一个小台阶需要跨越。现在的情况是，一个人也许可以赋予价值–范式概念以一个非常广泛的外延，这一可能性对那些“极端的”理性主义者可能算不上是坏消息，毕竟他们只是想要从理性人的观念中推导出一些有意义的实质结论，但是这一可能性对那些“极端的”描述主义者可能就是一个坏消息，因为他们想要解释并重建我们的语言以便让它脱离价值的神话。在科学的研究中避开价值概念是一回事，这甚至是值得称赞的。在一个人的哲学方法论中也做出相同的动作则是完全不同的另一回事。完全割裂与价值的关 36
联很可能会导致没有任何有用的描述能被留下来。

（2）我尝试着使用意图概念去区分（*a*）从 A 到 B 的推理，即想到 A 并且因而想到 B 和（*b*）想到 B 是 A 的一个结果，并且既想到 A 也想到 B。对我来说，这意味着推理规则有两个面向，或者说两个版本（如果你更乐意的话）：一个是描述性的版本——例如，“B 是 A 的一个后承”或“A 蕴涵（implies）B”；另一个是**规范性的**版本——例如，或者是“如果你接受 A，那么你接受 B”，或者是“如果你接受 A，那么你应当要接受 B”。当然，这些面向或版本之间具有系统的关联性。然而，规范性的版本应该如何更具体地表述出来，这一点还不是特别清晰，例如，我刚才提到的第一个模板“如果你接受 A，那么你接受 B”很难被证明是令人满意的。假若我诚心诚意地遵守推论规则，并且我也对证明几何学定理需要用到的推论规则了如指掌，并且继而我非常不幸地看到了欧几里得的公理，我被困死在自己的书桌前直到上帝审判日的到来，我尽职尽责地从公理推导出定理，又从定理推导出其他定理，如此反复。我首先会说欧几里得的工作是好的，但是很难说是那么好。那么，规范性的版本应该如何以一种较少要求的方式得到描述呢？

（3）我之前是用一种无差别的方式来谈论附属的德性或能力，它们落入理性德性这个一般概念之下。但是，这里还是存在某些很明显的区分的，我们至少需要一个如下的区分：有一些德性是推理所特有的德性，另一些德性是附属于前者的。正如好的眼神对于打网球的德性来说是不可或缺的，但是它自身并不是打网球的德性的组成部分，在这一点上它不像有力的发球，因此具有一个适当好的记忆力其自身并不是一个理性德性，在这一点上它不像批判性的敏锐。到底这样的区分如何才能得到充分的刻画呢？

从方法论的说教中回来，如果关于价值–范式概念的观点是有益的，那么假定理性是一个价值–范式概念就不再是一件困难的事，正如假定推理是一个价值–范式概念也不是一件困难的事[iii]。相关于理性的这个假定给我们带来了图景（3）。现在，我开始着手考察理由的一般本质。

理　由 37

在我们谈论理由时，我认为我们可以找到三类主要的情形。

（1）第一类情形可以使用下述的句子来进行例示，即“桥会坍塌的唯一理由是它的桥跨结构是用玻璃材料制造的”。这种情形还可以例示为其他多种形式，例如“这座桥坍塌的唯一理由（或理由之一）是……”，或者是“这座桥的桥跨结构是用玻璃材料制造的这一事实是它坍塌的唯一理由（或理由之一）”，诸如此类。这一类情形也可以包括一些特殊的情形使得它们是在为一个**行动**来给出唯一理由（或**某个**理由）。我们可以合法地使用这样一个句子形式，即“他会辞职的唯一理由是 p”或者说“他辞职的唯一理由是 p”。并且就我所看到的，与上述桥的情形类似，这种特殊的情形也可以例示为其他多种形式。我将把这类情形的典范形式（或范式）写成“A 的唯一理由（或理由之一）是 B”，并称之为类型（1）。

对我而言，一个属于类型（1）的情形，其显著特征可概括如下。

（*a*）对于典范形式中的 A 和 B 而言，它们都是“事实性的”。如果我使用该范式，我意指的是 A 是真的并且 B 也是真的。

（*b*）如果 A 的唯一理由是 B，那么 B 就是 A 如其所是的唯一解释；并且如果 A 的**一个**理由是 B，那么 B 就是 A 如其所是的一个解释，并且如果存在其他的解释（正如“存在”或“可能有”这些表达式所暗示的），那么 A 就是被多重决定的；并且最终如果 A 的一部分理由是 B，那么 B 就是 A 如其所是的一部分解释。这个特征与之前那个特征不是毫无关联的。如果 B 是 A 的唯一解释，那么 B 和 A 都必定是事实；并且一个事实是另一个事实的一个理由，那么看上去这两个事实之间的关联必定是前者解释了后者。

（*c*）在“A 的理由是 B”的一些情形中，但不是在所有的情形中，我们可以说 B 引起了 A，或者说 B 可以作为 A 的唯一原因，或者说 B 是 A 成为事实的原因。如果这座桥坍塌的唯一理由是它的桥跨结构是用玻璃材料制造的，那么我们可以说桥跨结构是用玻璃材料制造的引起了桥的坍塌，或者至少在公交车驶过桥面时，桥跨结构是用玻璃材料制造的引起了桥的坍塌。但不是所有的情形都是如
38 此，这也许是真的，即 X 会生气的唯一理由是所有的藏族人都对针对其外貌的品评很敏感，但以下陈述是否适当地描述了上述事实或场景则是非常可疑的，即所有的藏族人都有一种特别的敏感性，并且它引起了 X 的生气或它是 X 生气的唯一原因。不过，B 引起了 A 这一点如果的确是真的，那么 A 的唯一理由（或理由之一）就是 B。

（*d*）在这个典范形式中所使用的“理由”一词是可数名词。举例来说，它使得我们可以谈论 A 的**唯一**理由，或者存在不止一个理由来说明为什么 A，如此等等。但是，对属于类型（1）的各个情形来说，我们最好不要把“理由”用作不可数名词，或者不要赋予这一用法以合法性。“存在相当可观的理由说明桥为什么会坍塌（或来说明桥的坍塌）”以及“桥跨结构的薄弱是说明桥会坍塌的某个理由”这些表达都显得非常怪异，因此“存在好的理由说明桥会坍塌”也显得很怪异，尽管“存在**一个**好的理由说明桥会坍塌”会显得正常一点，但是“存在（**一个**）**坏的**理由说明桥会坍塌”就显得耸人听闻了。即便 A 所刻画的是一个行动，试图将“理由”当作一个不可数名词所带来的不适感依然存在。“存在相当可观的理由来说明他会辞职”也是让人很不舒服的，尽管一个人将不会反对这样的说法，例如“对他来说，存在相当可观的理由来辩护自己的辞职举动”，不过这已经**不属于**类型（1）的情形了。

（*e*）我认为，在这类情形中，特别关联于一个人这个特征将被

排除，除非说出"对X而言"（这一言说意指的关联）表示的是"在X的看法中"，例如"对我而言，桥会坍塌的唯一理由是……"再次地，这个特征将会存在，即便A所刻画的是一个行动："对他而言，他会辞职的唯一理由是……"以及"他会辞职的理由是……"这样的表达都是非常不自然的，尽管导致这种不自然的理由各异。

我将类型（1）中的情形称为"说明性理由"或"为什么［相信］的理由"（reasons why）。

（2）我要划分的类型（2）是不如类型（1）那么整齐的一类情形。举例来说：

"他们迟到了一天这一事实是认为桥已经坍塌的某个理由（或一个理由）。"

"他们迟到了一天这一事实是推迟这个会议的一个理由。"

我们应该要特别注意到如下的形式变化和同源性实例（在括号中表述的是同源性实例）：

他们迟到了一天，是认为桥已经坍塌的理由。 39

没有什么理由说明桥应该坍塌。

他们来得太晚了这一事实，是我们认为……的一个好的理由。（他们来得太晚了这一事实，给了我们好的理由去认为……）

他有理由认为……但是他好像没有注意到这个事实。（他有理由推迟……但是他好像没有注意到这个事实。）

他们来得太晚了这一事实，是想要推迟会议的一个理由。（他们来得太晚了这一事实，是我们想要推迟会议的一个理由。）

我将类型（2）的典范形式（或范式）写成"（对X而言）那个B是去A的理由或一个理由"，其中"A"中可能隐藏着一个心理态度动词，例如"认为""想要""决定"，或者"A"也可以刻画一个行动。

对我而言，一个属于类型（2）的情形，其显著特征可概括如下。

（*a*）类型（1）的范式中A和B都是事实性的，与之不同的是，在类型（2）的范式中A是非事实性的，而B是事实性的。然而，就B而言，也可以通过修饰来取消它的事实性。例如“假若B是事实的话，则它将是去A的一个理由”[iv]。

（*b*）与前述的特征相一致，不能再主张“B说明了A”，因为A可能不是事实；甚至不能主张“**假若**A**是**事实，**则**B**将**说明A”，因为B没有［从因果上］引起某人事实上去做这个行动［A］或产生A所描述的那个思想。尽管有些人会质疑我的下述看法，然而我依然主张B是对A中所刻画的“想做什么”、“想要什么”或“认为什么”的一个**辩护**，无论该辩护是最终的还是初始的。事实上B至少可以通过某种方式来发挥作用，以便让一个合时宜的人（或人群）应该去实现A（或应该已经实现了A）。

（*c*）使用cause[v]这一表述依然是合适的，但是比起该语词在类型（1）中的使用来说，二者在语法结构上是有差别的。在第一个例子中，我们不能主张说，他们来得太晚了这一事实［在因果上］引起了某人想到桥已经坍塌了；我们应该主张说，他们来得太晚了这一事实［在辩护上］能诱发某人这样去想，或者说，该事实给出了这样去想的原因。

（*d*）在类型（2）中，“理由”**既可以**被看作是可数名词，**也可以**被看作是不可数名词。诚然，对属于类型（2）的情形来说，40 把“理由”看作不可数名词是更常见的。这得要感谢乔治·迈罗（George Myro）的帮助，我因此可以对这一事实进行简要的说明：对我而言，（ⅰ）不存在说明的程度：也许有多于一个的说明，并且某事物也可以是（而且仅仅是）唯一说明的一个部分，但是一系列事实要么确实说明了某事，要么没能说明。然而，的确存在辩护的程度或辩护性的程度。在一个给定的境况下，一个行动或信念也许比另一个更能进行辩护，即存在一个更好的情形来进行辩护。（ⅱ）辩护性不仅仅关乎支持性考量的**数量**，更是对所有考量的**综合权衡**，是有利于一个行动或信念的考量**压倒了**有利于对立行动或信念的考量的结果。因此，需要一个不可数名词，再加上对各种考量在数量和程度上的详细刻画。

（*e*）那个 B 很显然是针对一个人去 A 的一个理由，或是，针对人们去 A 的一个理由。的确，当没有具体的人被提到或被暗示着的时候，一个最吸引人的假设是，主张任何人或任何一个正常的人都会将 B 这一事实当作去 A 的一个理由。

一个人可以将类型（2）中的情形称为“辩护性理由”或“[行动或做出意图的] 理由”（reasons for/to）。

（3）例子：

约翰认为萨曼莎是一个女巫的理由是他突然变成了一只青蛙。

约翰想把萨曼莎丢到池塘中的理由是（他想到了）她是一个女巫。

约翰谴责萨曼莎的理由是她一再地把他变成一只青蛙。

约翰谴责萨曼莎的理由是为了保护自己以防变形再次发生。

如果 X 做（或认为）A 的理由是 B 事件或 B 事实[vi]，从中可推出的结论是，X 已做 A 因为 B 事件 /X 已做 A 因为 X 知道 B 事件 / X 已做 A 因为 X 想到了 B 事件。如果 X 做（想要等）A 的理由是 B 目的，从中可推出的结论是，X 已做 A 是为了 B/ X 已做 A 以达到 B。“X 有多个理由去做 A，例如 B 事件或 B 目的”这一句子形式在我的分类中属于类型（3）。尽管它在形式上非常类似于“X 有理由去 A，因为 B”，我认为后者隶属于类型（2）。

我将类型（3）的典范形式（或**范式**）写成“X 去做 A 的理由是 B 事件 / 事实或 B 目的”。

41 属于类型（3）的情形，其显著特征可概括如下。

（*a*）在类型（3）的情形中，这些理由既可以是B事件（具有"that B"的形式）也可以是B目的（具有"to B"的形式）。如果这些理由具有的是前一种形式，那么类型（3）的典范形式就是双重事实性的，即A和B都是事实性的。即使是对A或做A［A-ing］而言，它也是事实性的。当B具有事实性的时候，这个事实性也可以被取消，例如在B之前插入"X认为"这一短语。

（*b*）类型（3）中的理由是"**在功效上起到说明的作用**"。如果X去做A的理由是［that/to］B，那么X**认为**［that］B或X**想要**［to］B说明了他为什么做A。类型（3）中的理由在功能上具有说明的作用，以及类型（3）的典范形式可以是双重事实性的，这二者间的联系无疑类似于类型（1）中的理由，即类型（1）中的理由具备说明的功能也源自其典范形式具有双重事实性。我暂时先不讨论cause这一表述是否适用于类型（3），我将在本小节的结语中再来谈这个问题。

（*c*）在我看来，在类型（3）的情形中，"理由"不能被当作是一个不可数名词。这也许可以通过类型（3）的理由具有说明性的特征这一点得到解释。然而，我们可以在这里谈论理由是**坏的**，X去做A的理由可能是薄弱的，甚至是耸人听闻的。在类型（2）的情形中，我们可以说存在**较少的**理由去做A，甚至**不存在**任何理由去做A。但是，在类型（3）的情形中，由于X的理由能够说明他的行动或思想，所以它们必须是**存在的**。我很怀疑是否这就是所有的故事，但是暂时就先这样吧。

（*d*）就它们的本质而言，类型（3）的理由是相关于个人或主体的。

由于它们的杂合本质，一个人可以把类型（3）的理由称为"辩护–说明性"理由。这些理由似乎以兼具类型（1）和类型（2）二者特征的面貌出现，我是如此希望的，也是如此做出意愿的。

我现在的任务是要给出一个系统化的假设，以关联这三种类型的理由。（ⅰ）类型（3）的理由在功能上是类型（1）理由的特殊情形；它们也在进行说明，但是它们**所说明的**是行动和特定的心理态度。（ⅱ）它们与类型（2）的理由也有紧密联系；如果X去做A的理由是B，那么说B**确实**辩护了X去做A这**不是必然**成立的；但必然成立的**是**，X**认为**（即便只是瞬间的或潜意识的）B辩护了他去做A。对X而言，特定的考量B呈现在他面前，并且作为他去做A的［类型（3）］理由，这要求：在X心中有一个关于B的信念呈现，
并且这是他去做A的一个［类型（2）］的理由。（ⅲ）尽管类型（3） 43
的理由有时可以说明行动和特定的心理态度，但事情并非总是如此。有些事物可以说明X的行动或X的态度，但它们**或许**不能被当作X做出该行动或采取此态度的理由。下述情况也许是成立的：X**为什么**会抱住警察是因为他喝醉了，或者X狠狠戳了一下门口侍者的肚子的**理由**是他看上去像个气球。**使得**X去做某事或**驱使**他如此去做的常常是类型（1）的理由，而不是类型（3）的理由。这些例子所展现的不是类型（3）的理由，因为它们没有被X认为具有辩护性。表1总结了这种类型的理由及其相互关系。

表1　理由的分类 42

类型	典范形式或范式	特征：（ⅰ）事实性，（ⅱ）说明性，（ⅲ）原因或引起，（ⅳ）可数或不可数名词，（ⅴ）与特定人的关联性
纯粹说明性	为什么A的唯一理由是［that］B，或为什么A的一个理由是［that］B。	（*a*）A和B都是事实性的 （*b*）B说明了A （*c*）B引起A使得A成为事实，但并非总是如此 （*d*）“理由”是可数名词，而非不可数名词 （*e*）没有与特定人的关联性

续表

类型	典范形式或范式	特征：（ⅰ）事实性，（ⅱ）说明性，（ⅲ）原因或引起，（ⅳ）可数或不可数名词，（ⅴ）与特定人的关联性
辩护性	［that］B 是 X 去做 A 的理由或一个理由	（*a*）A 是非事实性的，而 B 是事实性的 （*b*）B 不必说明 A，但 B 辩护了 A （*c*）对 X 来说，B 是想要 A［*to A*］的一个原因，但不是让 A 成为事实［that A］的原因 （*d*）“理由”既可以是可数名词，**也可以**是不可数名词 （*e*）不能排除与特定人的关联性
杂合性（辩护–说明性）	X 去做 A 的理由是［that］B（或［to］B）	（*a*）A 是事实性的，［that］B 是事实性的，［to］B 是非事实性的 （*b*）想到或期望，B 说明 A （*c*）X 想到 B［that B 或 to B］**不是** X 去做 A 的原因，并且一律不会引起 X 去做 A （*d*）“理由”是可数名词，并且不可能是不可数名词 （*e*）与特定人的关联性是被要求的

做两个注解以作为本小节的结语。

（1）考察下面这个例子：“一株蒲公英通过光合作用来获得能量这一事实是它有叶子的一个理由。”（*a*）这个例子类似于类型（2）的一个例子，因为，如果所援引的事实的确**是**一株蒲公英有叶子的一个理由，那么它同时也是**辩护**这株蒲公英有叶子的某种事物。但是，（*b*）不像标准的类型（2）的例子，在这一情形中，让 X 去行动或成为如此这般的一个理由，**根据事实本身不是 X 想要**去做或想要成为如此这般的一个理由，也不是 X 之外的某人想要 X 成为如此这般；对蒲公英来说，它们没有想要一说，并且有任何人类想要一株蒲公英有叶子这一点也是很可疑的。进一步，（*c*）有人认为此类理由为 X 成为如此这般提供了一个特定的**说明**，例如蒲公英可利用光合作用来获得能量说明了它有叶子。如果是这样的话，我们就有了一些辩护性理由，它们说明了其所辩护之事态的存在，并且做到这一点不需要以类型（3）的理由作为中介。

这一类理由所导致的困难是，一些理论家就拒绝存在这种特殊类型的理由，至少是拒绝**这**类“最终因”。我并不乐见这一路线，与亚里士多德、康德和其他一些杰出的哲学家站在一起，我倾向于认为最终因在伦理学的基础上发挥了不可或缺的作用。

（2）如果 B 是实现 A［to A］的一个［类型（2）］理由，那么也可以说 B 引起 A（或 B 是去实现 A 的原因），这一事实显示在一个非空泛的意义上类型（2）的理由也是原因。然而，那些争论理由是不是原因的人，在心里想到的都是类型（3）的理由。

我想是这样的。如果我们是在考察“原因或引起”（cause）的专业用法，那么显而易见的是类型（3）的理由**不是**原因，至少就它们 44
作为理由而言它们不是原因。不妨让我们假设：我喜欢板球，这就是我昨天去玩板球的理由，它可能会引起我不顾工作，但是它不会引起（在“引起”的专业用法上）我昨天去玩板球。但是，诚然如此，这一争论并不相关于理由是不是专业意义上的原因或引起。这个争论关注的要点是，是否可以把一个类型（3）的理由当作关于一个行动的说明，以便赋予该行动一个“因果说明”。其中，“因果说明”的意义对我而言是远非清晰的，并且我时常怀疑“因果说明”的意义对那些争论者来说也远远不是清楚的。

我现在可以说说接下来几个小节的内容了。接下来的第二节和第三节，我将深入地讨论辩护性理由中的一些具体问题，我尤其会关注展示在这类理由中的实践样态和非实践样态以及二者间的关系。在那之后，我希望再关注一下最终因的问题。

实践理由与非实践理由

在之前关于理性的讨论中，我已经说了某些东西——更具体地说，我希望某些东西可以一般性地应用于理性、理由和推理之上，但是我并没有提及并尝试下述的可能性：存在一些具有重要差异的推理类型，并且对这些推理类型可以加以定性地刻画，由此（确实如此）将引入一些我们应该去解释的非对称性。特别是，我们还没有特别仔细地关注过实践理性和非实践理性及其关系，我们也没有考察过实践推理和非实践推理及其关系。其中，借用冯·赖特（von Wright）的创新性术语，我将把“非实践性的”称为**真值性的**（*alethic*）。现在是时候来弥补这一遗漏了。

康德坚持认为，来自真值性推理和实践推理中的理性能力是同一种理性能力。一个人应该如何把这些能力和才能个体化，这还是一个谜，尽管我希望它不是无法解决的谜。因此，或许我们可以让事情变得简单一点，如果我们不是去问康德的观点是否是正确的，
45 而是去问——出现在“真值性理性”和“实践理性”这两个短语中的“理性”一词是否具有相同的意义，还是（另一个可供选择的回答是）它们具有不同的意义，并且这种不同的意义或多或少是通过类比的方式关联在一起的。刚才我们引入了一个区分，即区分有单一意义与有多重意义但因类比而共享同一名称，它远非清晰可辨的。但是这个区分的清晰度足够用来提出一些问题，即使在使用这一区分来解决问题前还需要对它做个“整形外科手术”。[1] 我猜想，大部分人（甚至是哲学工作者）通常都持有如下的立场：[无论是在实践的语境下还是真值性的语境下]“理性”都具有单一的意义。[举

[1] 对这一区分的一个讨论，参见 Paul Grice，“Prolegomena”，in *Studies in the Ways of Words*（Cambridge：Harvard University Press，1989），3—21.

例来说，做出行动的理性和做出信念的理性是同一种理性。] 并且对语词“论证”提出同样的问题，我们可能会收到更具一致性的回答。但是，当我们转向其他一些与理性关系紧密的语词时，这一立场似乎就会发生改变。(我猜想) 康德会坚定地赞同以下主张，即出现在 (1)“对你来说明天要去医院，这是必然的” 和 (2)(当某人拿着一根火柴靠近一张纸时，他说)“纸将被点燃，这是必然的”(或者更符合语言习惯地说 “这张纸必然是可被点燃的”) 这两句话中的语词 “必然的”(以及它的同源词) 具有相同的意义。康德会大方地承认这两类陈述之间存在许多重要的差异。但是，无论康德是否持有该主张，我敢肯定有其他一些人不会 [赞同这个主张]。而且与 “理性”“必然的” 等关系紧密的其他语词也是如此。假定语词 “应当”(至少) 具有两种不同的含义，这是一种很常见的看法。例如，(1)“你应当去剪头发了” 和 (2)(几个小时后，对其他某个人说的)“现在他的头发应当剪完了” 就展示了 “应当” 的两种不同的含义。我们分别把这两个 “应当” 称为实践的 “应当” 和认识论上的 “应当”。但是，“这个屋顶必然已经塌了”(The roof must have fallen in) 和 “管家必然修好了屋顶”(The butler must repair the roof)，这两个句子中的 “必然” 是不是也有不同的含义呢？或者，“斯宾诺莎应该会赢得 3.30，因此你应该在他身上下注” 这个句子中的两个 “应该” 是不是也有不同的含义呢？

最近戴维森做了一个尝试，他力图展示在特定种类的实践论证和真值性论证之间可作类比。我会对这一研究进行一个简要的讨论，并从这里切入到这个深受错误定义戕害的问题序列。在《意志薄弱是如何可能的？》(“How Is Weakness of the Will Possible?”) 一文中[1]，唐纳德·戴维森给出了一个提议，我稍做修改并概述如下。

46 （ⅰ）我们可以比较下面两个句子：

（1）假定温度计的刻度下降了，今晚很可能会下雨。

（2）假定做动作 *a* 是撒谎而做动作 *b* 不是撒谎，*b* 比 *a* 好。

可以认为这两个句子分别是下面两个形式的例示：

（1a）Prob（m_1；p）以及

（1b）Pf（m_1；b 比 a 好）。[2]

（ⅱ）这两种形式，包括这两个“联结词”，在逻辑上的可类比之处来自论证的**可废止性**特征，该特征同时出现在（1）和（2）这类语句之中。以下两个逻辑形式

p&（如果 p，那么 q）

p&r&（如果 p&r，那么 -q）

彼此是不一致的，因为一个通常的演绎推理“从 p&（如果 p，那么 q）推出 q”并不会由于添加了另一个为真的前提而变得无效。但是，以下三个逻辑形式

（1aa）Prob（m_1；p）& m_1

（1ab）Prob（m_2；p）& m_2

（1ac）Prob（m_1&m_2；p）&（m_1&m_2）

是可以同时为真的，因此，即使在一定的环境中，以下非演绎式论证

Prob（m_1；p）

m1 p

是可接受的，但是它将变得不再是可接受的（即便它的前提都已知为真），如果（举例来说）“（1ac）Prob（m_1&m_2；p）&（m_1&m_2）”

[1] 参见 Donald Davidson, *Essays on Actions and Events* (Oxford: Oxford University Press，1980).

[2]“Pf”读作“初步证成”（prima facie）。

和“m_1&m_2”都已知为真。用一种类似的方式，有时我们做出下述的推理是恰当的：

“Pf（假定做动作 *a* 是撒谎而做动作 *b* 不是撒谎；*b* 比 *a* 好）”

“做动作 *a* 是撒谎而做动作 *b* 不是撒谎”“*b* 比 *a* 好”。但是，举例来说，如果已知做动作 *a* 将成功阻止一个谋杀但做动作 *b* 不会，那么我们还依照上面的推理得出结论说“*b* 比 *a* 好”，这就很不恰当了。

（ⅲ）上述论证的可废止性要求分离规则的运用应该接受“整 47
体证据原则”（Principle of Total Evidence）的指导，以下将其缩写为PTE，不过该原则的精确本质现在并不是我们所关心的。戴维森试图利用刚才所陈述的思想来处理他的意志薄弱“悖论”，我需要加上一句，我这里的讨论将不会涉及戴维森的这一论证，除了下面这一点：戴维森提到，经由 PTE 许可而从实践论证中得出的结论（例如“*b* 比 *a* 好”）可称为无条件的价值判断，以区别于有条件的价值判断或初步证成的价值判断，其中无条件的价值判断可能是从初步证成的价值判断中派生出来的。

现在来处理由于一些记号引发的不适。就我所理解的而言，区别于“Prob”，戴维森对“Pf”这个联结词的出现场合进行了严格的限定，它只能在句子配对的语境或合取中合法地出现，并且第二个句子形如“*b* 比 *a* 好”。这启发了：第一步，我们可以把“Pf”和“……比……好”合并成一个三元联结词，为了保持语法上的恰当性，我们不再把“*a*”和“*b*”视为行动的**指示词**（例如“我的撒谎”），而是让它们代表行动**句**（例如“我撒了谎”）；第二步，我们省略掉“Pf”这个联结词，只给自己留下较简单的联结词“……比……好”。通过小幅度的扩张，我们就得到了如下的一些类比：

“Prob（h；p）”类比到“Good（h；a，b）”。

“More Prob（h；p，q）”类比到“Better（h；a，b）”。

从而，有条件 / 无条件的价值判断之间区别就可以表征为以下两对区分：

（1）（ⅰ）Better（h；b，a）和（ⅱ）Better（b，a）以及

（2）（ⅰ）Best（h；a）和（ⅱ）Best（a）。

但是，现在会出现一个有点烦人的不对称现象。根据戴维森的观点，有时可以从“Prob（h；p）”和“h”这一对前提中通过分离规则得出结论“p”。但是“Best（h；a）”和“h”这一对前提经分离规则却不能得到“a”（即“x 做 A”），而是会得到“Best（a）”（即“x 做 A，这是最好的”）。不像概率式论证，在实践论证中特定的联结词（位于我们修正的框架中）不会在结论中消失。如果我们要沿着刚才的类比继续走下去，并且让这一类比的吸引力最大化，我们就应该让“Best（a）”在真值性论证或概率式论证中的类比物不是
48 “p”，而是“Prob（p）”，其中“Prob（p）”表征“p，它是或然的”或“或然地，p”。但是，这个结构并没有出现在戴维森的理论架构中。如果我们是站在实践的维度去寻找概率式论证中“p”的类比物，而不是去找“Best（a）”的类比物，我们将不得不凭空设计一个出来，因为到目前为止并不存在一个实践维度上的“p”的类比物。

从而，在真值性的维度上，给定前提“Prob（h，p）”和“h”，**既**允许一个人得出，

Ⅰ（*a*）“或然地，p”或（*b*）“p，它是或然的”

也允许他得出，

Ⅱ “p”。

我们不应该允许一个过分的偏见，即概率始终是为了展示我们在Ⅰ（*a*）和Ⅰ（*b*）上的盲目，或者说，概率阻止我们去考察Ⅰ（*a*）、Ⅰ（*b*）与Ⅱ二者间的关系，以及三者互相之间的关系。如果我们现在的方向是正确的，“我做 A，这是最好的”就可以作为Ⅰ（*a*）或

Ⅰ（*b*）在实践维度上的类比物；并且在Ⅱ实践维度上的类比物也不难被确定下来。如果说一个概率式论证的功能是为了获得一个信念（that p），那么实践论证的相应功能就是为了获得一个意图或决定；并且，作为一个信念的表达我们应该言说“p”，与此相应地，作为一个意图或决定的表达我们应该言说“我要做A”。

对我而言，在这一点上，戴维森可能会对我提出的方案提出两个反对意见。**第一**，在戴维森新近的一些论文中[1]，正如我长久以来所猜测的那样，他清楚地表明了，他希望将“我意图去做A”和“我做出了（或接受了）一个无条件的价值判断以支持自己去做A”二者等同起来。如果是这样的话，很难期望他会接受我的主张，即区分“Best（a）”和“我要做A”。对此，**我的判断**是Best（a）对戴维森而言就是我在说“我要做A”时我想要表达的。对意图的这一解释，我曾经公开地提出过我的反对意见[2]，并且我也不会再重申这一争论，特别是在此时此刻我援引戴维森的论文更多是作为出发的起点，而不是作为攻击的目标。**第二**，戴维森或其他人可能会由 49
于下述事情而受到困扰：一旦我允许把“我要做A”作为实践论证的一个可能结论，我就会赋予这些实践论证以有效性，但是并不是每一个接受这些论证前提的人都能够或都应该得出“我要做A”这样的结论。假设我承认前提“最好是如此，如果汤米折磨过我的猫，我就在他去学校的路上伏击他”；我也获得了汤米折磨过我的猫这一前提，并且我也得到了一个恰当的PTE授权；于是我就合法地得到了一个结论，即我要伏击汤米。我的邻居听到我不断地在重复这个论证，但是他不能**逻辑地**得出结论说，我要伏击汤米（作为**我的**意图的一个表达）；他甚至不能**像样地**得出结论说，我要伏击汤米（作

[1] Davidson, in *Essays on Actions and Events*.

[2] Grice, “Actions and Events”.

为**他的**意图的一个表达)；他也不能**有意义地**得出结论说，**他**要伏击汤米（作为**他的**意图的一个表达）。他所能做到的最好的事情是，做出评价说我获得了对我而言最合适获得的结论。当然，这一现象来自下述事实（或貌似事实）：在实践领域中，一个人去做某事所凭借的理由也许不能成为另一个人做该事的理由，甚至不能成为另一个人去做任何事的理由。对那些蔑视我的论证的人，我会回复他们说，最重要的是提供一个合法性说明使得意图表达可以作为有效论证的结论，而不是对一个讨喜的教条孜孜以求，即论证具有主体间性。然而，在给出这一回复后，我并没有闭上眼睛从此不再关注以下的可能性，即正处于争论中的这个特征［主体间性］可能在某些点上证实了麻烦的一个源头。

回到我的方案上来。我想要主张的是不仅“Prob（h；p）”和“Best（h；a）”这样的结构是可类比的，而且它们可以被包含着一个普通常项的更复杂的结构所替换。在我看来，这个想法得到了语言学上的支持。正如已经提到过的，诸如“理由”和“辩护”这类词既可以用在真值性的领域，也可以用在实践的领域。“所有的理由都显示他是个傻瓜”和“所有的概率（或可能性）都显示他是个傻瓜”这两者在语义上差别不是很大。类似的语言现象，随处可见，不论是相对于“辩护”，还是相对于“应当”和“应该”。来看“这是可期待的”这一短语，涉及它的言语行为将给我们带来更多的启示。说“一个律师一年将要挣到 10 万美元，这是可期待的”尽管不是完全清晰且无异议，似乎有一种接近它的解释是“一个律师一年将要挣到 10 万美元，这是很可能的”。然而，去说“一个律师一年将要挣到 10 万美
50 元，这是可期待的”好像难以避免会有一个实践上的意义。它断言（也许稍显古怪）一个律师有义务（以这样或那样的方式承担责任）挣到一笔不菲的收入。如果我们接受一个主张，即这两个陈述之间的

差异（其中包括动词短语“将要挣到”［will earn］和“挣到”［earn］之间的差异）只是情态上的差异，那么，从真值性的话语跳跃到实践性的话语就可以表意为下位动词在情态上的一个跳跃。

我想要发展的观点有一个最初的版本，即我想把句子（1）“约翰现在应该已经恢复健康了”和句子（2）“约翰应该加入高射炮部队［AA］”表征为如下的结构。**首先**，一个一般的“理性”算子“Acc”，它经常被表述为“这是合理的”“这是可接受的”“这应当是如此的”“这应该是如此的”或其他类似的表述方式；**其次**，选择两个情态算子中的某一个，在句子（1）中将被写成“⊢”，而在句子（2）中将被写成“！”；**最后**，是一个“句根”（radical），可以用“r”或其他小写字母来表征它。（1）的结构就是 Acc+ ⊢+r，（2）的结构就是 Acc+！ +r，每一个符号都落入它的前缀的辖域之中。新近许多作者在使用句根或“短语”（phrastic）这个术语，我认为我的用法和他们完全一致。我将把句根视为出现在句群的深层结构表征中的一个序列，并且我认为还有一个悬而未决的问题，即在自然语言中是否有任何句子能够包含一个部分以作为其句根的独特表层对应物，请参考维特根斯坦（Wittgenstein）对化学中的原子所做的评论。很明显，对我而言，下一个主题就是去刻画情态—算子。

情　态

事实上，存在两个相互关联的问题，我将就此说点什么。**第一**，当情态差异出现在**言说**中时（认为情态的最初栖息地是言说，这一点是很合理的），非常有必要对情态差异进行一个刻画或部分刻画。**第二**，存在如下所述的问题：如何来表征情态以及将情态表征到何种程度，进而如何来表征情态上的差异，使得这些表征可被合适地 51

应用到言说之中，进而可以将它们合法地引入到思想的表征之中。我们需要考虑第二个问题，因为，如果一般的“理性”算子意味着类似可接受性的某种东西，那么情态算子出现在它的辖域中是恰当的，仅当它们也可以恰当地出现在心理学动词“接受”的辖域中。

对于第一个问题，最容易解释我的观点的方式是给出一张模式表或简图（参见表 2）。在此处我要重申，对使用 / 提到这一区分我会暂时予以忽视。我的解释将会让在这一领域特别敏感的人毛骨悚然。但是，我的猜测是，历史上唯有一次哲学错误可被恰当地归属给使用 / 提到的区分，那就是在《论指称》一文中罗素（Russell）用来反对弗雷格（Frege）的论证，并且在一个特殊情形中存在实质性的，始终是可接受的方法来消除这一区分，尽管它的替换方式通常是冗长的、晦涩的和乏味的。

表 2　程序化刻画情态算子的模板

（主句）：
52 U 说给 H[一个句子形式]Op_1+p
如果……
（先行从句）

算子数目	（开场语）	（增补语）	（差异性）	（内容）（句根）	（算子）	（情态名称）
(1)A B	U 决意 H 判断 U U 决意 H 判断 U	[无] 决意 H	判断 判断	p p	$\vdash_A$ $\vdash_B$	判断 $_A$（“直陈”） 判断 $_B$（“直陈”）
(2)A B	U 决意 H 判断 U U 决意 H 判断 U	[无] 决意 H	决意 决意	p p	$!_A$ $!_B$	决意 $_A$（“意图”） 决意 $_B$（“祈使”）
(3)A B	U 决意 H 判断 U U 决意 H 判断 U	[无] 决意（$\exists_1\alpha$)(H	决意（$\exists_1\alpha$) (U α 判断 决意 U α 判断	p p	$?_A\vdash$ $?_B\vdash$	判断式疑问句 判断式疑问句

续表

算子数目	（开场语）	（增补语）	（差异性）	（内容）（句根）	（算子）	（情态名称）
(4)A B	U 决意 H 判断 U U 决意 H 判断 U	［无］ 决意（$\exists_1\alpha$)(H	决意（$\exists_1\alpha$） (U α 判断 决意 U α 判断	p p	$?_A!$ $?_B!$	意愿性疑问句$_A$ 意愿性疑问句$_B$

注：疑问句中（ⅰ）对“α”的合法替换是“肯定的”和“否定的”；肯定地判断出 p，以及否定地判断出 p，即判断出非 p。

（ⅱ）“唯一存在”量词（$\exists_1\alpha$）可给定一个“可替换的”解释。

（ⅲ）如果差异性被增补（例如在 B 情形中），量词是“拉回来”的，以便即刻出现在增补语中的 H 之前。

我将要做三个初始假定：（1）我让自己提出了两种可接受性，即判断式可接受（J-acceptance）和意愿式可接受（V-acceptance），在有些场合中我将它们分别称为“判断”和“意愿”。后面这一对语词可被想象为专业术语或半专业术语，尽管它们所指示的状态近似于我们日常所说的“认为（that p）”和“想要（that p）”，尤其是体现在如下的意义上，即我们可以说野兽也会认为某事物或想要某事物。我在这里把“判断”和“意愿”（以及“接受”）都当成初始词项。它们的恰当解释取决于它们在一个心理学理论（或一系列心理学理论中）所发挥的作用，其中这个或这些心理学理论用来解释动物王国的成员们在不同心理复杂程度上的行为（一些动物的心理复杂度高于另一些动物的心理复杂度）。（2）正如我在一篇已发表的文章中所建议的那样（我总是觉得很难记住它的确切标题）[1]，在某个特定语言的句法—语义理论中，至少从某一时刻开始人们开始引入情态差异（也有可能更早）。其所使用的合适形式是对言语程序的一 53

[1] Grice, “Utterer’s Meaning, Sentence-Meaning, and Word-Meaning”, *Foundations of Language*, 4 (Aug. 1968), 225—248.

个具体刻画，这种刻画有一个通用的形式“U（说话者）言说φ，如果……”，其中省略处将被一些合适的条件所替换。（3）由于之前使用的“φ”是一个模式，它所表征的是一个句子结构，而不是一个句子或开句子，因此不能保证语言中等待处理的真实语句都会清楚无误地、毫不含混地表征出它们的情态或子情态，进而这个句子在结构上是含混的（在意义上是多重的），并且它会具有不止一种读法。

对一个情态算子的程序式刻画，其一般形式如表2所示，它首先以一个主句开头，然后是“如果”引导的一个“前件式”从句。在主句的模式化表征中，“U”代表一个说话者，“H”代表一个听者，“P”是一个句根，并且“Op_i”表征的是数目是i的算子。例如，“Op_{3A}”将表征算子数目3A，它将是$?_{A}\vdash$，因为这个算子出现在3A栏中。这个前件式从句包含以下序列，其元素分别有一个**开场语**、对差异性的一个**增补语**（这个增补语只会出现在B类情形中）、一个**差异性**以及一个**句根**。开场语在每一种情形中都会出现，并且始终保持不变，它读作“U决意（that）H判断（that）U……”。如果增补语会出现的话，它也是不变的。并且它的出现或不出现背后所暗含的主张是，它首先是和意愿情态相关的［参见初始假定（2）］。对我来说，一般的意图表达（例如“我不要失败”和“他们不要通过”）和一般的祈使句（例如“对他好一点”）二者之间是有差异的，但这种差异可以通过把任意一者当作一个主情态下的子情态这一方式而得以容纳；主情态（意愿）的独特特征是它相关于有意愿去p，并且在它的一个子情态（意图情形）中，说话者所要做的事情是向听者揭示出他（说话者）有意愿去p，而在它的另一个子情态（祈使情形）中，说话者所要做的事情是向听者揭示出他有意愿让**听话者**[vii]有意愿去p。（当然，在每一种情形中可以假定有意愿去p会带来它的标准后果，即实现p。）对我来说，直陈的一般性使用也有两种用法，它们之间的关系类似于上述的意图情形和祈使情形之间的关系。直陈的第一种用法是**宣告**或**断言** p，此时一个人的意图最 54
初是让听者认为**说话者**认为 p；直陈的第二种用法是**告诉**听者 p，即希望让**他**（听者）认为 p。的确，不像意愿有意图和祈使这两种情形，在直陈的两种情形中，不存在通常被认为是［子］情态标识词的一对设计，以便分别标记直陈语句的两种子情态，因而，对子情态的认知不得不依赖于语境：通过一个言语行为动词的出现判断出以听者（H）之名的呼格使用，或者是通过副词性句子短语或状语从句（如“供你参考”）来判断出以说话者之名的呼格使用。然而，在我的初始假定中，这样的情况是被允许的。对我来说，这样一种 A 类型和 B 类型之间的差异在疑问句中也是可辨别的，关于这一点我稍后会多谈一下。

差异性条目主要是相关于或服务于“主情态”（判断或意愿）的识别，并且除了在疑问句中呈现出更多细节之外，差异性在“A”和“B”这两种子情态中保持不变；“A”和“B”这两种子情态，要么是不须增补的，要么是必须增补的，不须增补的是情形 A 而必须增补的是情形 B。我希望，在此处不需要对句根进行特别说明，除了请你牢记以下一点：我既**没有**规定一个表达意图（决意$_A$）的句根必然涉及说话者（或第一人称视角），也**没有**规定一个表达祈使（决意$_B$）的句根一定会涉及听者（或第二人称视角）。例如，“他们不要通过”可以合法地表达一个意图，而“你不要幻想做坏事而不被发觉”和（一个船长对他的副官说）“军士长要晨点名了”都可以很好地表示祈使。我将给出表 2 模板所实际刻画的两个完整例子。

（1）U 说给 H $\vdash_A$ p，**如果** U 决意［that］H 判断［that］U 判断 p。

（2）U 说给 H ！$_B$ p，**如果** U 决意 H 判断 U 决意 H 决意 p。

因为，一方面，在表 2 中差异性所指示的状态只有“判断 p”和“决意 p”两种，并且在我看来，它们都是“接受 p”的严格情形；另一
55 方面，我引入情态刻画的最终目的是将它们与一个“可接受性”算子相互联结起来（根据我的建议），进而获得语言形式的一般性解释，故而表 2 所列四行中的前两行（顶多也就这两行）就是我对上述两方面思想的直接使用。但是，我对情态的处理应该要尽量充分（或应该被认为是充分的），这一点对我来说也很重要，于是我又加上了对疑问句的部分解释。现在我来谈谈疑问句的情况。

（1）存在两类疑问句：一类是一般疑问句或“是否”疑问句，举例来说，“他的脸是干净的吗？”；另一类是特殊疑问句或“W”疑问句，举例来说，“谁杀了库克·罗宾？”“我的至爱去哪儿了？”“他是怎么修好它的？”表 2 中对疑问句的刻画模板仅仅适合于一般疑问句，尽管我们可以对它做出一些修正使得它也能适合于一些限定的特殊疑问句。我待会就讨论这是如何可能的。

（2）判断式疑问句和意愿式疑问句之间的差别对应着下述情形中的差别：一者，疑问者以某种方式关联于**信息**的获得（例如“他在家吗？”）；另一者，疑问者以某种方式关联于解决他要去**做**什么这样一个问题（例如“我可以打开门吗？”“这个囚犯可以被释放吗？”“我要继续读下去吗？”）。这两种疑问句之间的差异在英语语法中得到了相当好的表征，并且它在其他语言的语法中得到了更好的表征。

（3）我认为，英语语法几乎没有标记关于疑问句的 A/B 类型之间的差异。然而，这种差异时常是易于察觉的。下述的情形中存在一个可被认识到的差异：可能是由于误用也可能是出于反思，一个人说“他是值得信任的吗？”，一种情况，说话者之所以这么说是因为他正处于**迷惑**之中；另一种情况，说话者这么说是在做一个**探询**。

类似地，我们通常也可以说，当一个人说出“我要接受这个邀请吗？”时，它或者意味着他自己在努力做决定，或者意味着他尝试从听者那里获得建议和指导。

（4）对变元“∝”的使用，我需要做进一步澄清。我是从逻辑的一个模糊分支中借鉴过来的，一旦被实践（但可能永远不会被实践），我认为可称它为“前理论的”（proto-thetic）（为什么？），其中最主要的仪式是量化系词。“∝”只有两个替换项，“肯定地”或“否定地”， 56
它们可用于修饰“判断”和“决意”这两个动词。否定地判断 p 或否定地决意 p 就是判断非 p 或决意非 p。如表 2 中的注释（ⅱ）所提到的，量词“（$\exists_1 \propto$）...”必须做替换式处理。例如，如果我**询问**某人——约翰杀了库克·罗宾，是否如此（B 类型的疑问句），我并不是想要他仅仅去意愿，我心中有一个特殊的“逻辑性质”并且我相信它是可应用的；我还想要**他**心中具有一个“逻辑性质”并且他想要我去相信该性质是可应用的。为了满足这个要求，增补语必须“拉回到”量词的辖域中。

（5）为了扩展这个刻画模板，我们也可以用它来刻画“**单一性的**”特殊疑问句，其中单一性的特殊疑问句指的是“什么是管家所看到的？”这样的特殊疑问句，而不是“昨天下午四点钟，谁和谁去了哪里？”这样的特殊疑问句，我们需要一些额外的装置。我们需要在每一个疑问算子上标记一个“W”，例如？AW ⊢和？BW ⊢，再加上一个限制性条款使得跟随在带标记疑问算子后的一个句根必定是一个“开放的”句根，使得它包含恰好一个变元的一次或多次出现。并且我们还需要一个被我称为“变色龙”的变元“λ”，它只出现在量词中，使得（∃λ）Fx 被认为是（∃x）Fx 的一种写法，而（∃λ）Fy 也被认为是（∃y）Fy 的一种写法。为了刻画标记了 W 的疑问算子，我们采取的方法是简单地删去无 W 标记的疑问算子中的“$\propto$”，将之前出现 $(\exists_1 \propto)(\ldots)$ 的地方代之以量词 $(\exists_1 \lambda)(\ldots)$。举例来说，当“谁杀死了库克·罗宾？”这个疑问句被用于探询时，它可以被刻画为：“U说给H‘？ BW ⊢：x杀死了库克·罗宾’，**如果**U决意H判断U决意 $(\exists_1\lambda)$［H应该决意U判断（x杀死了库克·罗宾）］”。其中“$(\exists_1\lambda)$”应该“采用”“$(\exists_1 x)$”这一形式，因为出现在其辖域中的自由变元是“x”。

相对模态与绝对模态

现在，为了更仔细地观察，我提议回到[1]我曾经简要地、以不那么精确的方式评论过的一个反对意见。概括起来，这个反对意见
57 是这样的。我们发现在实践领域中，尽管不是在真值性领域中，一些并非无价值的例子显示，特殊模态是相对于个体人的。在实践领域中重新调整这些例子，将给“歧义性议题”的争论带来很坏的预兆，即相对于实践和真值性的讨论而言，模态是歧义的还是单义的。假若它们是歧义的，则这种歧义的且有意义的相对化要么同时出现在这两个领域的讨论中，要么在这两个领域的讨论中都不出现。让我们通过一个例子来展开这个反对意见，它（似乎）和其他人已经引证过的例子相差不多。假设有一个人以适当强烈的口吻说，“理查德·尼克松必须获得牛津大学的道德与宗教神学讲席教职”。依赖于语境，一个人可以找出三种不同的解释，它们都落在意愿这一研究范畴内。（A）一个人或许意思是，尼克松应该获得这个职位，这一点是极其重要的（或许对这个世界而言是极其重要的，或许对暂时被当成真实世界的一些微观世界而言是极其重要的）。在这一解释

[1] 格赖斯在1987—1988年写了这一节，他把这一节就这么简单地附在本章的正文之后。

下，一个人不会给任何主体强加义务说他需要看到这一点，这个快乐的状态将被实现，除非某人身负对世事完全无感的名声，就像万能的上帝（The Almighty）一样。（B）在另一个解释中，一个人将承担假定的义务，也许是加诸在“我们”（不论“我们”是谁）身上的义务以保证这个结果成立。（C）基于某个特别自然的解释，一个人可以让理查德·尼克松承担起确保自己获选这个令人尊敬的讲席教职的义务。在解释（B）和（C）中，一个人都将主张，**相对于某一个潜在的主体**（“我们”或“尼克松”）而言，尼克松获得那个讲席教职是必然的。在真值性维度，不存在这种**有意义的**相对性能被观察到。一个人说出那个句子也许意思是，（举例来说）这场遴选对尼克松而言就是一场单马赛跑（走走过场），但是，这种必然性不会是相对的，除非有人战战兢兢地认为他（像其他任何人一样）不得不承认有某些东西使得尼克松只能是被选出来的，换言之，对某些特殊的人来说有某些东西使得尼克松只能是被选出来的（但这不是一个有吸引力的解释）。考虑其他的模态，例如“应当”、“应该”以及“有理由去”等，我们也可以发现类似的现象（据说情况是这样的）。 58
下面的观察也许能加强对上述现象的分析：在很多情形中，存在一些特殊的语词，其意义融入了相对性；关联语词“必然的”“应当”，把“需要”和“义务”这样一些语词当作纯意愿性（纯实践性）词汇是恰当的，并且它们的意义都具有相对性的特征。尽管语言中这些特定语词的出现并不是决定性的（不过，想要发现一个程序去区分“存在一般性的概念”和“存在许多更少一般性的概念并且它们以类比的方式关联于前者”两者，也是极端困难的），因此这种单边的相对性还是成了歧义性议题的一块绊脚石。

最初，我似乎可以从两个主要的方向来进行回答：（A）我可以主张说，即便单边的相对性是真正存在的或是基本的，它依然不会对歧义性议题构成威胁[1]；或（B）可以去论证单边的相对性只是表面现象，因为具有相对性的意愿模态可以被看作是从较为隐蔽的绝对模态中衍化出来的，因而原则上是可消去的。让我们逐一考察它们。

（A）为了更清楚地看清承认相对模态，即使是单边的相对性，是否会威胁到歧义性议题，一个人有必要进一步考察（这次用稍微多一点形式化的方式），该议题如何才能最恰当地被建立起来。如果适当的模态表达式可以被引入一个自然演绎系统，该系统被设计出来用以处理真值性和意愿性这两种情态，并且在这个系统中不用再诉诸任何其他的限制，尤其是不用再提到其他特殊的情态，那么，对我来说，这一做法就能够为歧义性议题提供很强的支持。对于这一模态家族中的每一个成员，我们希望找到一个引入规则和一个消去规则，就好像我们对经典的逻辑常项所做的那样。这样的主张不是特别难以获得。让我们假设，我们正在为特殊的模态**必然性**寻找这样一对规则。作为**引入**规则，我们可以考虑如下的形式（我认为二者是等价的）：（*a*）“如果一个句子［φ］是可证的，那么［必然φ］就是可证的”；（*b*）“如果［φ］不依赖于任何假定，那么就可以从［φ］推导出［必然φ］”。作为**消去**规则，我们可以考虑“从［必
59 然φ］推导出［φ］”这一形式。当然，句法变元“φ”的取值中包括情态标记词，这一点完全是可理解的；“$\vdash\sqrt{\text{这只猪去了市场}}$”[1]和“！$\sqrt{\text{这只猪去了市场}}$”二者都可以作为“φ”的合适替换，但“$\sqrt{\text{这只猪去了市场}}$”却不是“φ”的合适替换（除非我们接受一个主张说句根都是真值性的语句，该主张将在第三章提到）。

当然，如果我们接受这些建议，我们也不得不接受它们所蕴涵

1 参见原文第 90 页中对该议题的详细陈述。

[1] 其中，φ 是一个句子，$\sqrt{\varphi}$是包含在 φ 中或隐含在 φ 中的一个句根。

的一些结论，这些结论多少有点让人不舒服。特别是，我们一定会遭到一部分人的反对，他们认为，至少在考察必然模态时，有必要去区分语义上的**必然/有效**概念和语法上或部分是语法上的**可证性**概念。奠定这一争论的基础是，我们希望获得一种不一样的必然性概念，它指的是在证明可靠性和完备性时获得充分支持的“系统内的可证性”这一特殊的概念。或者，奠定这一争论的基础也可能是某个直觉上不无吸引力的主张：一些数学论题（比如说费尔马猜想）具有非可证性和非可否证性，如果它既不是可证的也不是可否证的，那么它将不禁止该论题（或它的否定）是必然的；我们可能永远不知道必然性附着在它们中的哪一个上。这样的问题当然是值得研究的，但是，就目前而言，我自己没有时间或者没有能力去对它们展开进一步追问。我们所建议的消去规则把“从［必然φ］推导出［φ］”当作必然性的一般特征并且在两个维度上都是成立的。这样一种对情态算子的使用违背了经典主张，即这一消去规则只适用于直陈性的模态逻辑而不适用于道义逻辑，因为“有义务去A”并不蕴涵着“A”为真。相关于这一主张，最突出的问题是，一个解释一旦是可理解的，那么“φ”就不仅只限定于直陈性模态算子，而且也可以包含一个意愿性算子。当我们说“让它如此吧，我吃我的帽子”是从“必然地，让它如此吧，我吃我的帽子”（我必须/不得不吃我的帽子）中推导出来的，或者说后者蕴涵前者，这到底是什么意思呢？面对这个问题，可以提供两个解释路线：（ⅰ）说这样一种可推导成立就是说，如果一个人说出或（认为）“我必须［不得不］吃我的帽子”，那么他就承诺了去实现（接受）（不能一致地不接受）“让它如此吧，我吃我的帽子”［“我将（有意图去）吃我的帽子”］；（ⅱ）说这样一种可推导成立就是说，如果说可满足性（此时指的是 60
真）附着在“必然地，我吃我的帽子”之上，那么可满足性（实践价值的形式）也一定附着在“我吃我的帽子”［“我将（有意图去）吃我的帽子”］之上。我认为，可在这两条解释路线中任选一者。

就我们刚才所讨论的提议进行选择，将会涉及另一些方向上的进一步的工作。我只是概述了如何将它应用到必然性这一观念之上，但是，显然还存在大量的模态词，不仅有“必然的”，还有“**其他情况保持不变的**”“也许”“或然的”等，我们也要刻画这些模态词的引入和消去规则，因而［为了支持歧义性议题］我们不得不将“刻画”方案进行扩展，并且它的扩展不会是一帆风顺的。并且这一方案的核心部分还有待进一步澄清。举例来说，我们能够保证只要提供一对规则就足以确定一个概念吗？或者，还有可能的是，当这样的一些概念其模态性需要利用到诸多的规则对时，存在多于一个的模态概念（甚至是，有多于一个概念，不必然在每一个情形中都是模态的）可以联结到同一个独特的规则对，以至于为了完全辨别某一个概念需要提供更多的规则？我们如何去找到这些问题的答案，并对它进行辩护呢？并且应该对 Pravity 猜想说些什么，（大体上）它指的是引入规则的本质决定了消去规则的特征？但是，我现在将这些问题留在一边，继续讨论一些更急迫的事情。

到目前为止，我还没有提及一个显然的事实：如果“必然”的引入规则实际上命令我们将必然性归于某种可证的东西，那么必然性在本质上就是关联于一个系统或理论的，因为只有在系统内或理论内才能获得可证性。并且的确如此，只有基于特定系统或理论的构建，依赖于其上的可证性才有可能实现。只要这个父系统[viii]保持不变，那么对它的诉诸就可以无害地省略，但是如果这个诉诸的系统不是不变的，并且如果这样的变化会带来必然性在类型或维度上的变化，那么这种对所诉诸系统的匿名就不再是无害的了。我会主张，这是一种很普通的情况。关于必然性，存在很多非常不一样的类型——逻辑的、形而上学的、物理的、心理学的、道德的、实践的、法律的必然性，甚至是鱼类逻辑的必然性（也许有吧，为什么 61
不呢？）。并且，就我所看到的，每一个这样的副词都暗示了或多或少是特定类型的系统或理论，使得只有诉诸它们，必然性（或可证性）才可获得。

类似这样的结论，或此种立场的可能发展，不应该被忽视。认为必然性的各种类型展示在它们所诉诸的理论或系统之中并且它决定了可证性概念，这一主张在具体情形中将导致对“先在性”假定的违反，并且该假定是一些哲学家倾向于去做的假定。我猜测，许多人会认为下面的看法是合理的——假定一个逻辑理论（或系统）所做的工作就是将一个语料库系统化，而先行给定的逻辑必然性出现在这个语料库中，并且（也许一个更自然的假定是）道德理论所做的工作（如果这样一个理论**存在**的话，或许它将做的工作）也是将先行给定的义务或责任加以系统化。但是，目前的做法不允许这样的思考方式。如果责任是道德必然的，并且这种道德必然性在一个（可接受的）道德理论或系统中得到展示，那么这个系统是先在的，并且它不能被其他关于责任或道德必然性的系统所扭曲。同样地，一个逻辑理论也必须得到别样的刻画，而不是以它对逻辑必然性的关注来描述它。我觉得这个方向上的扭转很有吸引力，特别是它强调各种理论或系统的建构具有核心的重要性，没有系统就没有必然性。

诉诸不同的理论或系统来一般地刻画模态（如必然性）将呈现出多样性。没有理由期待这些不同的理论或系统，要么是可从其他系统中分离出来的，要么是彼此独立的。更有甚者，一个人还期望在系统构成的群中找到一个线性关系：理论 A（不妨说是逻辑）被理论 B（不妨说是形而上学）所预设，并且理论 B 又被理论 C（不妨说是物理学）所预设，并且理论 C 又被理论 D（不妨说是生理学）所预设，在其中我们期待我们的“理论空间”是先在理论在外延上逐步扩充而形成的。但是，并不是**每一个**等级较低的系统的扩充都将给出一个新的副词以修饰诸如“必然的”这类模态词。我期待存在一些特殊的规律和一般性，它们对于鱼类来说是普遍成立并且特别具有的，但是我将质疑这一事实（如果它是一个事实的话）是否可以给出必然性的一个特殊类型，即鱼类逻辑的必然性。对我来说，情况似乎是这样的：任何一个理论，如果它能创造出一个新的副词
62 来修饰“必然的”，则它必须要给出一定程度上的扩充或一定程度上的一般性，但鱼类逻辑显然还未达到这种程度性上的要求，尽管我并不知道应该如何去刻画这两类一般性或两层一般性。

现在，我们也许可以去追问，关于必然是相对于理论或系统的这些反思，以及对其他模态具有相对性的反思，是否将帮助我们去辩护**歧义性议题**，以避免因为这些模态对人来说具有单边的相对性所可能带来的威胁。我认为它们可以，只要我们能够将通过实践模态而时常展现出来的某些**个人**相对性表征为相对于一个给定系统的**特殊情形**。让我们考虑引入一个特殊模态的相对性将是怎样的，不妨说相对于一个特别的人或特别生物而言的“必然性”。一个让人感兴趣的可能性是这样的，必然的相对性暗示了当一个人的判断或观点是这样或那样时，它会是这样的情形：“对吉特博士来说，每个孩子每周至少要被揍一次，这是必然的。”然而，这个情形不是很有吸引力，因为这种相对性既没有限定在特别的实践模态上，也不是真正相对于**模态**的。“对……来说”在这里起到的作用是副词性句子短语（或状语从句）（例如“对吉特博士来说，小学男生都像个爬虫”）。有三个其他的、更可靠的、关于模态相对性的情形，它们更让人感兴趣。这个不太符合语言学习惯的形式“相对于撒切尔夫人来说，

海斯先生马上担任大使，这是必然的”可以被解释为：（a）是撒切尔夫人，她给海斯先生指派了这个使命；（b）是撒切尔夫人发现了海斯先生的优点，这进而促成了他被任命；（c）让这个任命产生效果，这是撒切尔夫人的责任。暂且先把第一种解释放在一边，但这绝不意味着这个可选项是不重要的，我们也许可以让第二种和第三种解释模式发挥作用。这不是一件特别困难的事情：相对于一个特殊的人，设想出一套让他如何那般行事的戒律来，这并不太困难，需要强调的是，这个特殊的人既是运作这些戒律的主体，也是运作这些戒律的受益人。同时下面的做法也不需要付出太多额外的努力：假定这些戒律是可以从有限数量的基本戒律中推导出来的，尽管依然参照于特殊的人，并且一般来说，可以在进一步的事实性前提的辅助下，使得该系统对此人而言是可自助操作的。这当然不是高枕无忧的：如果参照那个特殊的人这一点是不可还原的，即不可以通过参照该主体所属的人群来消去该主体，那么第一种解释就不得不派上用场了。这个自助操作手册就是这个特殊的人的自助手册（不是其他任何人的手册），这只是因为他“主宰”（无论是正确地或错误地）了他的目的。我倾向于认为，这样一类或多或少表达了自我中心性的操作手册奠基了道德。

我希望，我现在已经论证了一个主张，即相对的模态是相关于 63
一个“个体化的系统”而被建立起来的。让我们来看看，在这一主张下，引入和消去规则这一模型是否可以扩展到相对的必然性。允许这样的一个引入规则似乎没什么问题，即如果在 X 的个体化系统中 φ 已经被建立起来了，那么“φ 相对于 X 而言是必然的”是真的（或者说它是可被建立的）。

然而，与之相伴的消去规则显得有点希望渺茫。如果我们假设这个规则是告诉我们，如果一个人承认“必然地，相对于 X 来说，

φ”这一主张，那么他也会承认φ所表达的东西，这会让我们有麻烦，因为这样一个规则是不可接受的，φ可以是一个意愿式表达式，例如“X吃掉他的帽子，让它如此吧”。并且**我**承认“X的系统要求他去吃掉他的帽子”这一主张并不能根据事实本身就让**我**（有意愿去）接受“让X吃掉他的帽子”。但是，假如我们把消去规则理解为，它告诉我们，如果“必然地，相对于X来说，让X吃掉他的帽子”，那么“让X吃掉他的帽子”就获得了相对于X的可满足性，则我们的处境就好多了，因为这个版本的消去规则似乎不那么咄咄逼人。消去规则的这一解释类似于我们之前区分过的第二个选项，考虑到消去规则之于不具有相对性的必然的形式[ix]，因此以有利于这个选项的方式来做出迟延的选择。

（B）但是，让我们在我们不依赖程序（A）的令人鼓舞的方面的情况下，把我们将注意力转向对程序（B）的前景进行评价，即试图去展示在实践领域中的模态相对性所导致的单边相对性都是虚幻的，都是需要通过绝对模态来加以解释的表面现象。考虑到与必
64 然性的关系，这个主张将要说的是（举例而言），“这是必然的，尼克松将申请到牛津大学的道德与宗教神学讲席教职”（“这相对于尼克松是必然的，让尼克松申请到牛津大学的道德与宗教神学讲席教职”）只是制造出条件式必然性（或有前提的必然性）的一个样本，这种必然性绝不会仅限于实践的（意愿的）领域。可以将该言说所表达的内容表征为下面一对前提的结果：（*a*）“这是必然的，让满足条件C的某人去申请牛津大学的讲席教职”，其中“C”表征的是一些可能是很复杂的条件，（*b*）“尼克松满足条件C”。的确，如果允许我们自己去对条件进行量化（不论它们是什么），我们可以通过下面的形式来表征该言说的意义，即“存在一个C使得这是必然的，即让任何一个满足C的人去申请牛津大学的讲席教职，并且尼克松

满足 C”；最后一个表达式使用的是不具有相对性的模态，并且（更进一步）它在特征上与真值性言说的适当扩张——例如“这块金属必定溶解于**王水**”［作为黄金］——并没有什么重要的差异。

我非常怀疑将相对性驱除出实践必然性概念的这一尝试是否能够成功。在我们所讨论的那个例子中，尼克松一方面被说成事实上是或应该是基于所陈述的事实［C］而**被关注**到的人，是这个人关乎必然性；尼克松另一方面**也**被说成是因其行动（或因其遭受）而受到关注的那个主体（或受体）(patient)。经常地，同一个人会承担两个角色，在此处就是如此，并且如果是这样的话，我们就会很舒适地得出一个主张说，单一地诉诸这个主体（或受体）就是全部需要的东西，因此模态的相对性就可以被消除。但是，事情并不总是如此。“这是必然的，对乔·加拉乔拉（Joe Garagiola）来说，美国公众保留着对棒球的热情”这个例子就展示出不一样的情形。因此，我们需要区分以下两种情况：（*a*）只对某人而言，某事才是一个理由（或它才是必然的）；（*b*）当我们在说**什么**是必然的，或什么是存在一个理由的之时，这个人是**关于**我们的谈论的。此外，做出如下的建议似乎是合理的：如果没有一个人被指称或被暗示，并且是这个人使得某事是必然的（或者说，是这个人为理由所需要），那么这个理由或必然性就是一般的（公共的或客观的，而不是私人的或主观的）。上一段所主张的处理方案将表明“尼克松申请牛津大学的讲席教职”是个一般性的关注，但这是非常不恰当的。[1]对于尼克松 65
申请牛津大学的讲席教职，这当然是关于个体的（或私人的）必然性，并且尼克松做出这一申请，对任何其他人或公众来说不是一个恰当的关注；并且，当我们还不清楚哪种介入或介入何种程度是被

1　参见 T. Nagel, *The Possibility of Altruism* (Oxford: Oxford University Press, 1970).

一般可应用的（非相对性的）必然性所支持或认可的时候，我们就很难避免这样一种看法，即有一些对介入的量度是得到辩护的，以防万一存在这种必然性。

这个情况已经很复杂了，但是它还会因为一些附加的考虑而进一步变得更复杂。首先，最终的情形也许是，尽管相对的必然性不同于绝对的必然性，但是它可以被绝对的必然性所支持。在尼克松申请教职的例子中，乍看下来也许是私人的必然性得到了支持，因为这是尼克松怀有的目的，或者说，这是尼克松为自己设立的目的。但是，对这些目的的承认也许不是任意的，可能存在可接受的一般性，对某一类人群（尼克松是其中一员）中的任何一人而言，正是这种一般性证实了具有这些目的事实上是（或者可替换的，应该是）关乎私人必然性的，并且这种一般性自身可能关乎某种必然性（真值性的或实践的）。私人必然性当然不同于公众必然性，但它很可能得到了公众必然性的支持：是公众必然性使得私人必然性在一定的环境下成为可能。其次，公众必然性对私人必然性的支持可能并不仅仅是偶尔出现的一个特征，而是出于实践的要求或真值性的要求。关于私人（相对）必然性的两个“普遍性原则”中的一个或另一个是否可接受，对比可能还存在争议。

（ⅰ）这是**事实上**（或真值上）必然的，如果对某人 X 而言 p 应该如此［让 p 如此吧］是必然的，那么事实上存在条件 S，使得 X 满足它，并且［必然地］对任何一个满足 S 的 y 来说，对 y 而言让 p 如此吧（p 应该如此）是［实践上］必然的。

（ⅱ）这是**实践上**必然的，如果对某人 X 而言 p 应该如此［让 p 如此吧］是必然的，那么**应该存在**条件 S，使得 X 满足 S，并且［必然地］对任何一个满足 S 的 y 来说，对 y 而言让 p 如此吧（p 应该如此）是［实践上］必然的。

对这两个原则而言，我必须坦白我更加倾向于后者，因为它做出的不是一个逻辑上的要求，而是一个**理性所渴求之物**，这使得某 66
事物是关乎实践必然性的，（当且）仅当，某人可以基于相对必然性［私人必然性］的一般原则来支撑它的可接受性。这将使人们能够获得真正的私人必然性，而这些私人的必然性还没能很好地得到理性奠基。但是，此时此刻我认为，我们才刚刚抓到一个异常困难但也非常重要的哲学领域的皮毛，对它进行更多地关注是非常有必要的。

在本节，我已经在较大程度上给（A）主张开了绿灯，即个人相对性在实践模态中单边出现并不会危害歧义性议题，并且我也在很大程度上为（B）主张亮了红灯，即这样的单边相对性只是一个幻觉，它将基于绝对模态而被妥善解决。作为对这个讨论的总结，我将要简要地提出第三种可能性（C），即相对性是真实的，并且它**不是**单边的，而是**双边的**，这种相对性也会出现在真值的维度，正如它出现在实践的、意愿的维度。跟随着这样的思路，一个人可能会尝试着将**本质**属性的获得和相对的实践必然性做类比（举例来说，是木头做成的这一属性被一张特别的桌子所具有）。对于**这**张桌子的存在而言，是木头做成的也许是它的本质属性（一张不是用木头做成的桌子不可能是**这张**桌子）。二者之间的类比是以下面的形式展开的：（在一个实践的情形中）一个特殊的人（比如说尼克松）去呼吸并且完成一些其他的生理功能，这对他而言也许是本质的。但是，对这一主张的进一步讨论属于某种特定的场合，其中人生、目的、最终因这些概念将得到具体的考察。

i　掩护马（Stalking horse）指猎人在打猎时掩护自己的假马，此处指的是第一章为推理给出的初步解释。

ii　亚里士多德认为人的灵魂中有两种与推理或理性相关的能力：一种是主动的、有意图的能力，称为 dunameis meta logou；一种是被动的、无意图的能力，称为 dunameis alogi。

前者是后天习得的，而后者是与生俱来的，并且只有拥有前一种能力才能说一个人是理性的人，或者说具有理性能力。

iii 在第（1）个观察中，格赖斯已经讨论了这一可能性，即把推理看作一个价值-范式概念。

iv 如前规定的，我们用“假若……则……”来表示反事实条件句。

v 把英文表达 cause 留在这里实属无奈，其意义主要有两个：作为一个及物动词，它表示因果上的引起或导致，作为抽象名词，它表示原因。

vi 原文是这样表述的，“X’s reason for doing A was **that B**”，其中“that B”指的是一个事件或事实。格赖斯后来还用到“X’s reason for doing A was **to B**”这样的表述，其中“to B”指的是一个目的。

vii 黑体字部分恰恰就是 B 类型比 A 类型多出来的一个增补语。

viii 父系统指的应该是“可证性”概念所诉诸的那个基本系统或基本理论。

ix 此时，消去规则的形式是：从“必然 $\vdash \sqrt{\text{相对于 X 来说，让 X 吃掉他的帽子}}$”推出“$\vdash \sqrt{\text{相对于 X 来说，让 X 吃掉他的帽子}}$”，其中出现的是不具有相对性的必然。并且，这一解释的思想就是原文 58 页中提到的选项（B），即单边的相对性都是表面现象，具有相对性的意愿模态可以被看作是从较为隐蔽的绝对模态中衍化出来的。之前，作者解释了采用具有相对性的必然来解释消去规则时会遇到什么困难。首先，此时消去规则的形式是：从“必然！$\sqrt{\text{让 X 吃掉他的帽子}}$”推出“！$\sqrt{\text{让 X 吃掉他的帽子}}$”，其中出现的是具有相对性的必然，即相对于 X 的特殊系统而成立的必然。其次，对于一个不同于 X 的 Y 而言，他可以接受该消去规则的前提，但却不能接受它的结论。作者对此在文中给出了说明。

第三章　实践理由与真值性理由（第一部分）67

导　论

考虑到上一章的某些部分出现的语言复杂性（尽管我希望不是概念性的复杂性），尤其是对我所谓的情态和情态算子的解释，为了使我们的方案更清晰，我将在本章开始时先阐明这个方案。在我看来，与理性能力最紧密的是，（a）与推理的关系和（b）与理由的关系。（辩护性）理由就是在推理时所涉及的内容，并且（在某些情况下）即使是最简单的理由也需要通过推理来达成。因此，从一开始考虑推理最后转到考虑理由，这一做法似乎是适当的。

（1）关于“理由”一词，我区分了三种类型（或者说关于该词的三种使用方式，如果你更愿意这么称呼的话）。我分别把它们称为**说明性的**使用（或情形）、**辩护性的**使用（或情形）、**辩护-说明性的**使用（或情形），现在我将后者重命名为“**个人性**”的使用（或情形）。它们是相互联系的，并且相互联系的一种显著方式是：如果某人认为一些特定的考虑是他做某事、意图某事或相信某事的**辩护**

性理由，并且如果他实际上也因为这样去想而确实这样去做、去意图或去相信那件事，那么他实际上去做（意图或相信）那件事的**个人性**理由就是前述的那些考虑；并且，某人出于特定的**个人性**理由做了（意图了或相信了）某事，这也就为他去做（去意图或去相信）某事给出了一个**说明性**理由，此时**个人性**理由是**说明性**理由的一个特例。

（2）由于上述意义上的（辩护性）理由在理由的诸多类型中处
68 于核心地位（可以这么说），进一步去考察辩护性理由的特征，似乎就变得很合理了。辩护性理由可以被划分为实践性理由和非实践性理由（即真值性理由）（这一点得到了大家的广泛认同）。很明显的一点是，一些特殊的普通词项，例如“必须”“应当”“应该”“必然”等（我把这些语词称为“一般模态”），在刻画辩护性理由时具有两种不同的使用方式：其一，它们的使用是与它们的辩护性特征紧密联系在一起的；其二，它们既可以使用在实践领域也可以使用在真值性领域，换言之，它们的使用可以**跨越**实践性 / 真值性的界限。进而，以下两个疑问似乎是相关的：一方面，去问这些一般模态在跨越实践性 / 真值性的界限时是不是单义的（或者说跨越这个界限会不会导致这些一般模态的意义发生改变，又或者说这些模态的多重意义，无论这些多重意义是什么），会不会同等地出现在这个界限的任何一边；另一方面，在一般模态的实践性使用和它们的真值性使用二者之间的关系是否仅仅只是在做一个**类比**。这个问题与康德认为只存在单一的理性能力这一主张高度相关。

（3）一般模态在跨越实践性和真值性的界限时其意义很可能保持不变，但是，无论是从何种角度来看，该论断所标示的问题（或所标示的一组问题）还远不能算作是一个清晰的问题。为了使它更清晰一些，同时也为了对实践性理由和真值性理由之间的关系有更多的理解，（使用戴维森的建议作为跳板）我提议从这两类模态语句的结构化表征开始：这两类模态似乎存在于真值性 / 实践性这一界限的两端（可分别表征为“或然的”和“所欲求的”）。为了对这两类模态进行结构化的表征，我先使用了一个单一的模态（某种程度上也许是人为的）“这是可接受的”，然后是两个模态（或情态）记号“⊢”和“！”二者选其一，最后是一个句根（或短语）。（但是，我建议不要无限制地将自己约束在这种情形中，并且要将其他的模态也纳入到这一解释中来。）

（4）在本章，我所谈论的是“模式或模态”（modes）而不再是“情态”（moods）。之所以这么做是因为我想要明确：我努力去刻画的不是语言学家倾向于称为“情态”的那些东西（尽管我同时也期待他们对“情态”一词的使用和我对“模态”一词的使用二者间存在重要的联系）。我将辩护（或说明），我对“模态”一词的使用来自我对意义的看法。根据我对意义的看法，**说话者所意味的东西**将被解释为，他意图在实际的听者或可能的听者中所产生的作用或影响，而**某个语言中一个句子所意味的东西**将被解释为，在一个简单的、基本的意义上，考虑该句子被使用时所做出的指令，以及该指令引起听者以某一特定种类的效果。很可能的是，说话者意义与说 69
话者所使用的句子的意义经常是不相同的，但是说话者意义是可以通过知道句子所发出的指令（即知道句子意义）再加上一些关于说话者的语境和他的意图等方面的事实而被识别出来的。意图在听者身上产生的作用或影响，（在我看来）无非是相关于某些命题性内容（我暂时借用一下这个我通常不太会使用的短语）而产生出的一系列这样或那样的心理态度，并且我的每一个模态标记词都对应着这个态度集合中的一个元素，或者说，对应着“思考模式（或模态）”集合中的一个元素。

考虑形如“Op+R”（模态标记词 + 句根）的特殊语句，我设想它所发出的恰当指令是以下述方式实现的。**在第一种情形中**，我们有一个“意义系统”S，对句根 R 来说，它使得我们获得一个陈述，即 R 的意义是如此这般。该陈述将给出 R 的“事实”条件的详细刻画，或者更宽泛地说，它将给出 R 的真值条件的详细刻画。当 R 被 S_1 处理时，R 可以具有任何程度上的逻辑复杂性，但是它是**纯粹的**，即其中不包含任何内置的模态标记词。从而，特殊语句“Op+R”的意义将被（实际上）描述为言说该句子所发出的一个指令，如果你想要引导一个听者相对于（S 系统中）R 的意义产生一个相应于“Op”（它的模态标记词）的态度。根据语句的结构，这些句子所给出的就是**单个的**模态标记词并且它有最大的辖域，即在它的辖域中不存在其他的模态标记词。然而，**第二种情形**也是可能的，即通过**扩展** S_1 来构造 S_2（此时 S_1 包含在 S_2 中），这**的确**使得模态标记词至少可以在有限程度内相互嵌套。我正在探索的观点或主张就与这类扩张有关。（此时，我应该要提到的一点是，出于我的目的，尽管我现在使用的是关于“句根”或“短语”的一个相当标准的看法，但是我绝非对它毫无疑虑，这点在下文中就将看到。）重新回到与我们的讨论最直接相关的议题，我的主张是：对辩护性理由的考察很自然地就导致了对模态和模态标记词的考察，在其中［我认为］模态所表达的是特定类型上的辩护，最终它们又和一些需要辩护的心理态度紧密联系在一起。

（5）在这种情况下，我将逐步探索我在第（3）条中提出的想法，其步骤可表述如下。

70 （A）对模态标记词的部分刻画常常会在**言说**中被用到（或者作为它的基础），我在上一章实际上已经完成了对这一步骤的分析。

（B）在使用模态标记词来表征思想的内容（或可接受性的内容）

时，我简要考察了什么样的模态化是被要求的，或是方便的。

（C）将正在探索的主张应用到两类陈述之中：一类陈述具有真值上的可接受性（包括特定的概率陈述）；一类陈述具有实践上的可接受性，**它们大致相当于康德的技术命令**。[i] 进而，针对关于能力的最初看法进行了反思，以便将我们对实践可接受性的考虑扩展到：

（D）明智的可接受性，以及

（E）道德的或绝对的可接受性。（此处与康德的联系是很明显的。）最终，如果我们能够挣扎到那一步的话，

（F）对“单义性问题”[ii] 的进展尝试着做出一些评估。

（6）（补充说明）在讨论单义性问题时，我们应该小心，竭尽可能地小心去注意区分下述二者：一者，实践的话语和真值性话语在语义特征上的差别可以简单地归于两类模态标记词（即实践的和真值性模态标记词）之间的差别；二者，在一般模态中，还有一些不能做上述这类归于的模态词或话语模式，或者说，尽管做了这类归于，但无论如何还是会导致“单义性”议题（或“同等多义性”议题）的失败。当然，我们可以**预先**知道，模态标记词会带来重要的差别，因为真值性话语和实践话语的适应方向（direction of fit）是不一样的。原初的信念（或知觉信念）大体上可以被看作是由世界的状态所引发的，并且它们可被用于检测其他更复杂信念的可接受性；而意愿**最初**是要去影响世界（而不是相反），并且它们不像信念那样 71
具有可检测性，对意志的可接受性不存在任何真实的检测。我认为，这个差别给康德留下了深刻的印象。

关于模态和模式，我关心的第二个主要问题是，应用这些装置表征思想的内容，尤其是表征思想中关于可接受性的内容，是合法的。这些装置最初是将言说中展现出来的模态差异性表征为结构性要素。

（1）由于我们现在的关注点是思想而不是言说，并且由于我们现在的关注点不是为如何去思考提供指令，而是为如何去刻画我们的**所思所想**提供指令，因此用“说给 H”这一短语去替换思考–动词（或想到–动词）很明显就是合适的。“接受”这个动词很明显也是一个合适的替换项，但是，我还是会饶有兴趣地提到“思考（想到）”这个动词本身也是很合适的，因为特定的思考模式的纳入（无论它们是不是一种可接受性）将被特殊的模式算子所识别，“思考（想到）”也具有一般性这一优点。需要强调的是，“思考（想到）”指的是具有最大一般性的、管理着思考内容的思考–动词。因此，表 2 中的主句现在也可以读作“x 接受（或想到）Op+p”。

由于想到是一个单人游戏，至少在最原始的意义上如此，这一点显然不同于会话，因此，保留条件从句中的引入语“x 决意 x 判断 x……”就是不合法的；考虑一个最简单的适切情形，设想一个场合使得我真正需要用到“我想要让我自己想到，我想到 p”这样的表达，或者说该表达非常贴合我的真实状态，这是非常困难的。因此，让我们将条件从句中的引入语直接写作“x”。为了让我们的整个装置富有成效，我们必须允许下述的刻画：

（1）x 接受（或想到）$\vdash_{A}+$ p，如果（更可能是，当且仅当）x 判断 p；

（2）x 接受（或想到）！$_{A}+$ p，如果（当且仅当）x 决意 p。

但是，两个“B 类型”的情况如何去刻画呢？先考虑一些**未来的**场景，在其中我**现在**应该判断（或决意）p（这些情形可能是存在的，但是它们与我现在要讨论的东西不是很相关）。与未来场景不同的是，还存在一些重要的情形，使得我**现在**决意我判断 p，或者使得我**现在**决意我**现在**（或之后的一小段时间内）决意 p。在这些情形中，我那较低层次上的本性会起到干扰作用，倾向性或其他一些干扰性要素会妨碍我判断 p 或决意 p，但是那些要素不能阻止我去决意我决意或判断 p，后者是［在实践中］最终可能胜出也可能不会胜出的一些高阶状态。这样一种关于决意或判断的不自制现象，它是不自制现象的原始版本，是理性存在所特有的。因此，对我而言，72
“B 类型”应该被允许。然而，由于我现在最核心的关注点是可接受性（acceptability）而不是接受（acceptance），并且由于能够为 $\vdash_A p$（或 $!_A p$）提供辩护的也可以为 $\vdash_B p$（或 $!_B p$）提供辩护，并且反之也是成立的，于是我认为，我们可以省略 $\vdash p$ 或 $!p$ 中的下标，当它们出现在“这是可接受的”这个一般模态的辖域之中时。

（2）一个奇怪的现象出现了。在刚开始的时候，我假定（或规定）了“判断”和“决意”这两个动词，它们作为接受的动词［用以描述接受的形式或特征］，是通过填充**句根**（或短语）而“饱和的”。然而，当我们将上面发展出来的机制进行应用之后，我们会发现“接受”（或“想到”）这个动词是通过填充形如“Op+p”这样的**句子**而饱和的。也许我们可以容忍这种语法上的矛盾性，但是如果我们不能容忍它，有什么样的拯救方案还不得而知。举例来说，下面的做法不令人满意：做出假定说，当“that”被置于一个**句子**之前时，它起到的就是一个“句根化”的作用（即它是以句子作为输入并以该句子的句根作为输出的一个函项）；因为如果该假定成立的话，我们必然会丧失因模态标记词的改变而产生的差异性[iii]，而这对我们整个计划而言将是灾难性的。这一现象当然也可能会让我们主张说，试图去区分句根和句子这一做法是误入歧途；如果句根是被允许的，那么它们就应该和直接陈述句等同起来。从而，“$\vdash$”这个算子就是一个“语义的消失”算子。但是，这个解释并不能让我完全满意，因为，如果“$\vdash$”语义上是空的，那么从属于它的“A 类型”和“B 类型”应该如何被解释呢？毕竟它们看起来是很真实的。

我们也许会发现这些模态标记词依然是悬而未决的，就像柴郡猫留下的两个神秘微笑。

然而，无论这个争论的结果是什么，我对自己还是相当自信的，我可以容纳我对它所展开的讨论。

对“最初想法”的更完整阐述

首先，是一些需要提前说明的点。为了让我的谈论至少多出一点可理解性，我宣布将判断算子“⊢”表达为“它（这）是如此
73 的”，将意愿算子“！”表达为“让它如此吧”，并且我也宣布将“φ，ψ”这个序列表达成“假定φ，ψ”。这些直接的言谈机制将会制造出一些很粗糙的“英语句子”，但是，我们必须记住，通过言说这些句子我们真正试图去做的事情是表征它们的深层结构。如果这就是一个人做出此类言说的目的，那么就很难期待他的言说形式能够得到像简·奥斯汀和麦考利勋爵（不妨举例来说）那样的赞赏。无论如何，我认为还有其他选择，它们将不会那么粗糙，尽管（就我的目的而言）它们不那么清晰明了。

其次，我们将把全部的注意力用于关注真值性论证和实践性论证，它们的直接结论分别形如“Acc（⊢p）”和“Acc（！ p）”，如“可接受的（它是如此的，天下雪了）”以及“可接受的（让它如此吧，我回家）”。存在两种方式来解读后一个语句。我们可以把“可接受的”当成是一个像“很显然地”（demonstrably）一样的句子式副词（或修饰语），在这种理解下，说或想“可接受的（让它如此吧，我回家）”就是说或想“让它如此吧，我回家”，再加上我所说的或所想的是可接受的这样一个定性说明，这就好像一个人可能会说“可接受的，让它如此吧，我回家”。采取这一解释似乎会让我们

承认不自制是不可能的。这是因为：由于“可接受的，让它如此吧，我回家”将被我重述为“V-接受（即决意），我回家”，因此对任意x而言，如果他通过一个实践论证得出结论说“这是可接受的，让它如此吧，x回家”，那么他将**根据事实本身**而决意回家。类似地，（尽管不像实践论证显得那么悖谬）任何一个人通过真值性论证得出结论说“它是如此的，天下雪了，这是可接受的”，他也将**根据事实本身**而判断天下雪了。因此，对“这是可接受的，让它如此吧，我回家”采取另一种替换性的解读似乎就更加可取了，它使得说话者或思想者在该解读下不需要承诺“让它如此吧，我回家”这一点。当然，我们也可以保留“可接受的，让它如此吧（它是如此的）P”这种独特的形式，这只需要我们把修饰语渲染成“被欲求地”或“或然地”。[iv]

现在让我们来处理判断的情形。我们先从一个假设开始，即具有形如“A，因此或然地B”的论证有时是（非形式地）有效的，“他有一个特征明显的红脸，因此或然地他罹患高血压病”也许是非形式地有效的，与此同时“他有一个特征明显的红脸，因此或然地他有音乐天赋”似乎就不能看作是非形式地有效的。

我们可以将该假设重述为：这偶尔是如此的，A非形式地在某 74
一概率上导致了B（其中“导致”是“推论出来”的逆）。关于可接受性的论证，如果我们希望构造出一个论证形式使得它不需要用到对“A”和“B”的替换，打个比方说，我们就可以用句子在对象语言中的形式直接对应到它在元语言中的形式：“A非形式地在某一概率上导致了B。”举例来说，我们就允许自己使用“这是或然的，给定他有一个特征明显的红脸，他罹患高血压病”这样的句子来与之对应。这就为我们给出了一个论证模式“这是或然的，给定A，［that］B；A/ ∴ 或然地，B”或者“这是或然的，给定A，［that］

B；A / ∴ 或然地［that］B”。[v] 我们将采用第二种论证模式，这样一种推论变形的合法性将不再依赖于对“A”或“B”的确定，尽管它**将要**依赖于（正如前一章提及的）获得恰当表述的“整体证据原则（PTE）”所赋予的合法性。

（在探索“最初想法”的过程中）我所主张的处理方案（大体上）是按照第二种论证模式来对真值性论证进行重述的，于是它可以读作：

这是可接受的，给定 A 是如此的，［则］B 是如此的。

A 是如此的。

应用这个模式到特殊的情形中，我们就得到了一个特殊的论证：

这是可接受的，给定这是如此的——斯诺德格拉斯有一个特征明显的红脸，［则］这是如此的——斯诺德格拉斯罹患高血压病。

这是如此的——**斯诺德格拉斯有一个红脸**。

75 因此，这是可接受的，这是如此的——斯诺德格拉斯罹患高血压病。

如果我们做出进一步的假设，单称的、“条件式”的可接受性陈述，即上述论证中的第一个前提，可以通过一个类似于全称例示的规则从一个更加一般的可接受性陈述中得出来（也许是，必须通过这样的规则来得到），那么我们就给如下的**一般的**可接受性陈述留出了空间：

这是可接受的，给定这是如此的——x 有一个特征明显的红脸，［则］这是如此的——x 罹患高血压病。

它们通常具有如下的形式：“这是可接受的，给定 Fx 是如此的，［则］Gx 是如此的。”你一定会注意到，在这里“x”是一个非约束变元，并且这个形式也可以（在较宽松的意义上）读作：“这是可接受的，给定某物是 F 是如此的，［则］它是 G 也是如此的。”所有的这一切都是老生常谈，我认为是这样的，这也无妨，因为它可以作为处理实践论证的模型。

现在，我们正式从真值性维度转向实践维度。在这里，我们将会根据对真值性论证所做的分析，原样照搬到实践论证中来，以推进我们的探索。其推理步骤如下。

（1）（在思想上或言语中）论证形式：

让 A 如此吧

B 是如此的

因此，在一定的可欲求程度上，让 C 如此吧

有时候是非形式地有效的（或可接受的），当然有时候不是非形式地有效的。

（2）因此，论证形式：

这是可欲求的，给定让 A 如此吧并且 B 是如此的，[则] 让 C 如此吧

让 A 如此吧

B 是如此的

因此，这是可欲求的，让 C 如此吧

就应该被允许是形式上可接受的，只要它获得了整体证据原则的授权。

（3）根据我们的提议，这些论证将被重述为：

这是**可接受的**，给定让 A 如此吧并且 B 是如此的，[则] 76
让 C 如此吧

让 A 如此吧

B 是如此的

因此，这是可欲求的，让 C 如此吧

（4）这些论证的第一个前提可以是（也许，必须是）通过例示一般的可接受性陈述而获得的，它们的形式是“这是可接受的，假定想让某物成为 E 并且它事实上是 F，那么让它成为 G 吧”。我们也许会注意到，类似“天在下雪”这样的句子可以通过一种很人为的方式进行重塑以便它可以出现在第三个前提之中，或者说这种重塑事实上起到的作用就是让它可以出现在第三个前提中。这种重塑使得可接受性陈述（第一个前提）将带有“开放的”主词，例如，第三个前提或第一个前提中的部分可以重写为“斯诺德格拉斯是天在下雪这般的”（Snodgrass is such that it is snowing）[vi]。此时，我们就获得了令人兴奋的、具有一般性的可接受性陈述：“这是可接受的，假定某人想要保持干爽（let it be that one keeps dry）并且事实上他又处在下雨的环境中（it is the case that one is such that it is raining），那么他想要带上他的伞（let one take with one one's umbrella）。”

（5）一般的可接受性陈述（或包含它们的实践论证）有一类特殊的子集，该子集的成员是通过将判断式前提中的谓词“琐碎化（或人为制造）”而产生出来的，即让它成为一个“普遍的谓词”。例如，我们可以用“x 是 F”来表征“x 等于 x”。如果可以这样做的话，那么判断式的子句就可以从一般的可接受性陈述中被省略或消掉。[vii] 与之相应地，实践论证也可以在外形上做出这样的“还原”。因此，我们就可以获得如下形式的论证：

（P_1）这是可接受的，给定让某人生存吧，［则］让他去吃东西吧。

因此，（通过 U_1）［全称例示］这是可接受的，给定让斯诺德格拉斯生存吧，［则］让斯诺德格拉斯去吃东西吧。

（P_2）让斯诺德格拉斯生存吧。

因此，（通过 Det）［分离规则］这是可接受的，让斯诺德格拉斯去吃东西吧。

在某种程度上，我们还应该考虑进一步过渡到：

（*a*）可接受的，让斯诺德格拉斯去吃东西吧。

并且过渡到：

（*b*）让斯诺德格拉斯去吃东西吧。

并且我们还可以注意到，将“让它如此吧，某人生存”或“让某人 77
生存吧”（“让斯诺德格拉斯生存吧”“让斯诺德格拉斯去吃东西吧”）这类表达式用更口语化的方式说出来就会是“某人想要生存”（“某人想要吃东西”“斯诺德格拉斯想要生存”“斯诺德格拉斯想要吃东西”），这是完全可行的，据此，我们就可以给出先行从句的一个更漂亮的表述，例如“给定斯诺德格拉斯想要生存”。

现在，我们必须花点时间来考察可接受性陈述的各种变形，它们既可以在真值性维度中找到，也可以在实践维度中找到。当然，这一点对于我所坚持的主张能在多大程度上获得成功是至关重要的，其中我的主张是指，我正在探索一个人应该能够表明任何一个维度中的变形也会同等地出现在另一个维度中。在可废止概括这一领域中，在我看来还存在另外一种变形，它可以像我们刚才所提到的那样在各方面扩展，它就是**非权衡式**可接受性–概括（关联于单称的、条件式的可接受性陈述），或者我也可以称之为**其他条件不变**的概括。我将这类概括的形式写成“这是（**其他条件不变时**）可接受的，给定 φX，［则］ψX”，并且我认为在实践领域和真值性领域都可以找到具有如此形式的例子。举例来说，“这是（**其他条件不变时**）可接受的，给定这是如此的——某人喜欢一个人，［则］这是如此的——这个人想要他的陪伴”，并且它不会和以下陈述不一致，即“这是**其他条件不变时**可接受的，给定这是如此的——某人喜欢一个人并且某人生病了，［则］某人不想要他的陪伴”。我们还可以找到这样的例子。语句“这是**其他条件不变时**可接受的，给定让它如此吧——一个人离开这个国家，并且给定这是如此的——这个人是一个外国公民，那么让它如此吧——这个人要从国税局（Internal Revenue）获得航行许可”，它与下述另一个语句是相容的，即“这是**其他条件不变时**可接受的，给定让它如此吧——一个人离开这个国家，并且给定这是如此的——这个人是一个外国公民并且他是该国总统的密友，那么让它如此吧——这个人没有获得航行许可并且他被安排乘坐空军一号离开”。

我在“哲学心理学中的方法”的演讲中[1]简要地讨论过这种类型的概括或“规律”，我不能在这里详述它的特征。我想说的是，它可能适合于处理“功能性规律”（就像那篇演讲中所建议的那样），
78 并且它非常不同于在“人为封闭的系统”中与全称概括密切相关的用法，在后者中相关的参数被故意忽略了，并且这些参数直到对该系统进行扩充时才会被考虑进来。这两种概括之所以差异明显，是因为在后一情形中一旦做出了扩充，则原初的规律将不得不做出相应的调整和修正，而我的**其他条件不变**的概括则可以在一个扩充的系统中［不做修正地］**留存下来**，并且我认为这是哲学心理学的一个特殊优势。

---

[1] Paul Grice, “Method in Philosophical Psychology”, *Proceedings and Addresses of the American Philosophical Association*, 48 (Nov. 1975), 23—53.

除了这两种**可废止的**可接受性-概括类型之外（这两类可废止概括都包括真值性和实践性两个子类型），我们还有**不可废止的**可接受性-概括，它们也是关联于单称条件句的，它们例示了我所谓的“非定性的”、“毫无保留的”或“完全的”可接受性-主张。为了表述这类可接受性陈述，我构建了模态表达式“这是完全可接受的[that]……”；这个模态既可以出现在表征真值性话语的使用场合中，也可以出现在表征实践话语的使用场合中。总而言之，我们有三类可接受性陈述变形（每一类这样的变形都具有真值性和实践维度的两个子类型），它们分别对应着“这是**完全**可接受的[that]……”（不可废止）、“这是**其他条件不变时**可接受的[that]……”以及“这是在如此程度下可接受的[that]……”，其中后两者都是可废止的。[此时，我想要再次强调，在实践维度，我目前所关注的只包括可类比到康德的技术命令（或“技术规则”）的那些陈述的表征。]

现在，我受到了一种诱惑，当然我也屈从于这种诱惑，即把可接受性陈述的这些变形和一般模态联结起来。然而，为了保持有尊严的样子，我将用**星号**标记由此定义的模态，并表明如此定义的模态仅仅是**候选者**，以区别于使用相同方式拼写的一般模态。我禁不住诱惑引入“这必须*是如此的”这一模态词，其含义是“这是完全可接受的”，引入“这应当*是如此的”这一模态词，其含义是“这是**其他条件不变**可接受的”。对于程度变化的可接受性，除了“可接受性”这个表达本身，我再也想不出其他更吸引人的专业术语了。有了这样的引入之后，我们就允许加星号的模态算子符合使用习惯地包含在它们所出现的句子之中，例如“一个主教必须*厌恶政治家”，或者“为了保住他的职位，一个主教不应当*表露他对政治家的不满”。

但是我现在承认，比起我已经做过的，我很想进一步投入到概 79

念的泛滥中去。在我费尽周折将最终可能是一般模态的那些东西**添加到**我的结构中之后，我立刻又倾向于把它们拿出来。因为在我看来，一个人可以在不改变意义的前提下，使用一些句子形式来消除对可接受性的诉诸或提到，因此也就不**需要**加星号的模态了。为了这个目的，一个人可以利用“如果–那么”条件句（注意是“如果……那么……”，而不仅仅是“如果”），再加上一些合适的模态词。举例来说，一个人可以把“一个主教必须*厌恶政治家”重写为“如果一个人是主教，那么（毫无保留地）一个人将厌恶政治家”；同时，“为了保住他的职位，一个主教不应当*表露出他对政治家的不满”可以重写为“如果一个人想要保住他的职位并且如果他是主教，那么，在其他条件不变时，他不会表露出他对政治家的不满”。当然，在对这些单称条件句应用分离规则时，我们需要以某种方式索引出（即指明）这个概括的特征或类型，以便单称的非条件句可以从中分离出来，这类索引的设计不应该超出人类的智慧。就我所提到的这些概括类型而言，我认为一个人必须能够标记出以下五个特征：

（1）条件性；

（2）一般性；

（3）一般性的类型（绝对的，**其他条件不变的**，诸如此类，进而**根据事实本身**区分出哪些是可废止的，哪些是不可废止的）；

（4）模态或模式；

（5）（到目前为止未提及）所讨论的概括是不是从实例中通过简单枚举得出的，由于在适应方向上的差异，这个索引［即是否通过简单枚举］将会在真值性概括中起到实际的作用，但是在实践概括中则不会产生作用。

只要这些特征被标记出来，我们就有了满足我们的目的所需要的一切。此外，它们都是**形式化的**（在某种合法且可理解的意义上）特征，并且这些特征可看作是，理性存在这一概念“所要求的”或“包含在”理性存在这一概念之中的，在某种意义上我们的确可以这么说，这是因为无须熟悉即可进行任何类型的推理几乎是不可能的。 80
因此，假设已加星标的模态可以从未加星标的模态中辨识出来，那么我们似乎就已经获得了下述这些要点。

（1）我们已经表征了实践概括和真值性概括，表征了与它们相关联的条件句，并且在单个的可接受概念下（尽管它会有一些变形）通过诸如“必须”“应当”等特殊的一般模态对不同种类的概括加以刻画。

（2）我们已经把可接受性这个概念自身分解为各种形式特征。

（3）我们已经消除了据说是一个逻辑事实的神秘性，即可接受的实践“应当”陈述必须从一个潜在的概括中推导出来。

（4）即便这些成绩（如果它们是成绩的话）并没有真正地**解决**“单义性”问题，它们也不是与“单义性”问题完全无关的。

我猜想，假若我们打电话给住在快乐乡村俱乐部的康德，告知他这一最新的哲学趣闻，我们可能会得到这样的回答：“有什么了不起！这不是我一直在告诉你的吗？”

完全证据原则

我现在必须稍微关注一下，如何为“完全证据原则”（PTE）制定一个合适的版本，它是一个被设计出来用于分离的原则。除了得到一个近似于充分的描述，我不能指望得到更好的结果，但也许这也是有所帮助的。

我将从能够进行权衡的、真值性的可接受性条件句[viii]开始（它们都是单称的概率式条件句），马上就有两点评论需要提到：第一，我不是概率论方面的专家，所以我尽量少说并且快点说。第二，我所选择的这个例子并不能完全代表这一领域中的推理，但是也许就目前的任务而言它已经足够了。

S（主体）拥有一家制造和销售贝壳饰品的公司，并且S在时刻t非常关注评估公司的业务在来年是否会有所改善。S反思到一
81 点，如今每个流浪汉都在疯狂地收集贝壳，然后将其出售给像他这样的公司，这样他就可以更便宜地买到贝壳，因此，这是很可能的，给定他将以更便宜的价格买到贝壳，[则]他的生意会有所改善。他又反思到另一点，他公司中那些不可替代的工匠正在为获得更高的薪水而蠢蠢欲动，他可能不得不向他们屈服，因此，他接受，给定工匠们正蠢蠢欲动，[则]他的生意很难有所改善。他进一步反思到，贝壳饰品现在很流行，因此他也许可以抬高价格并赚到更多的钱。现在，他在综合考虑了这些想法后，判断出这是“很有可能的，给定他会更便宜地买到贝壳，给定他的员工正蠢蠢欲动，并且给定每个人都渴望购买到贝壳饰品，[则]他的生意会有所改善”。现在，他进一步搜寻，看看是否可以找到其他任何值得考虑的因素，使得它们一旦被添加到他的最后一次判断的前件中，就会导致新的可接受条件句将支持相反的后件，即他的生意将不会有任何起色。经过适当的搜寻后，他没有找到任何令人不安的可考量因素，因此他“分离出”并做出判断，这是很可能的[that]他的生意会有所改善。

这里的要点是：（1）通过综合考虑在先的可接受性条件（即复合在一起的前件），S在时刻t得到了一个真值性的可接受性-条件句，他不仅接受该条件句，而且接受该条件句的前件。（2）经过一个适当的（合适的）搜寻后，直到时刻t，他也没能找到任何“令人不安”（或“倒胃口”）的可考量因素。让我们介绍两个简单的术语。

让我们称，ψ 是某个前件 φ 的**扩充**，如果 ψ 要么等同于 φ，要么是对 φ 的进一步详细描述；并且让我们称，在一个权衡式可接受性–条件句 C 中，C 的前件**支持** C 的后件，仅当，在 C 中得到刻画的权重位于无差异点之上。举例来说，当权重位于无差异点之上时，我们就把**可能性**而不是**不可能性**指派给 C 的后件或条件句 C 自身。

现在，我将尝试着描述 PTE 的一个版本（它可应用于真值性的可接受性–条件句）：

如果

（*a*）S 在时刻 t 接受一个真值性的可接受性–条件句 C_1，其前件在一定程度 d 上支持其后件，

（*b*）S 在时刻 t 接受 C_1 的前件，

（*c*）S 对（其他）类似这样的条件句进行适当的搜寻后，不存在 82
C_2 使得

（1）S 在时刻 t 接受 C_2 及其前件，

并且（2）C_2 的前件是 C_1 的前件的扩充，

并且（3）C_2 的后件和 C_1 的后件是不一致的，

并且（4）C_2 的前件支持 C_2 的后件多于它支持 C_1 的后件。

那么，S 可以在时刻 *t* 判断（或接受）C_1 的后件在程度 d 上是可接受的。

为了表述方便，我们可以把上述规则中的第三个前件，即如（C）所标识的复杂从句，缩写为“C_1 在时刻 t 对 S 是最佳的”。经过这一缩写后，PTE 规则将会变成：“**如果** S 在时刻 t 接受一个真值性的可接受性–条件句 C_1，其前件在一定程度 d 上支持其后件，并且 S 在时刻 t 接受 C_1 的前件，并且 C_1 在时刻 t 对 S 是最佳的，**那么** S 可以在时刻 t 判断（或接受）C_1 的后件在程度 d 上是可接受的。”

在转向讨论实践维度中的 PTE 规则之前，我先对之前的讨论做

个总结。

（1）在这里，我没有对权衡的可接受性–概括最初是如何建立起来的说过任何东西（其中通过对权衡的可接受性–概括进行例示我们可以推导出单称的可接受性–条件句）[ix]，我们也没有对它们如何进行组合说过什么。这些都是重要且困难的问题，但是它们超出了我所关注的直接目的。

（2）一直以来，我都将例示这一步骤看作是“自动的”，即一般的可接受性–概括自动例示出单称的可接受性–条件句，并且认为基于某一个版本的PTE规则而形成的分离规则可应用于这些单称的可接受性–条件句。但是，我可以想象有人会认为分离规则的应用是自动的，而某些版本的PTE许可的是例示这一步骤。显然，对于这样的人来说，他需要一个不同版本的PTE。

（3）（很重要的一点）正如我之前所描述的那样，对分离规则进行应用的授权相关于一个主体（或推理者）S **以及**一个特殊的时刻t。我倾向于认为，正是这些规则的这个特征使它们具有了可废止推理的性质。

83 （4）（同样是很重要的一点）应用我的规则会涉及**价值–判断**：是由S来决定或假定，搜寻“令人不安”的条件到何种程度是**合适的或恰当的**，而这将决定分离规则是否可应用。虽然我不必找出这一搜寻的更精确描述，但我并不反感我的规则具有这一特征。

现在，我将介绍一个实践维度上的例子，我必须承认，它在某些方面透漏出一种古怪的感觉，这也许意味着［对它而言］整个哲学故事并没有讲完。

S的母亲邀请他下周去密尔沃基市探望她。在这一点上，他接受了这个实践的可接受性–条件句，为简单起见，我在不诉诸（或不插入）可接受程度的情况下描述这个条件句。这个条件句就是：“这是可接受的，给定让 S 取悦他的母亲吧，并且 S 是他母亲最喜欢的儿子，［则］让 S 下周去密尔沃基市探望她吧。”

他反思到，并且得到了以下条件句（基于他的公司将要进行盘点并且他是总会计师这一事实）：“这是可接受的，给定让 S 为他公司的盘点做准备吧，给定他是公司的总会计师，并且给定盘点时间即将到来，［则］让 S 下周就待在红杉城的办公室吧。”

他进一步将上述条件句组合在一起，并得到这样一个条件句：“这是可接受的，**给定**让 S 取悦他的母亲吧且让 S 为他公司的盘点做准备吧，并且给定 S 是他母亲最喜欢的儿子以及 S 是总会计师且公司的盘点时间即将到来，［**则**］让 S 花一个长周末去密尔沃基市探望他的母亲然后在下周二回到他在红杉城的办公室。”

然而，S 突然又记起他的妻子玛蒂尔达刚刚遭遇了一场车祸，不仅两条腿断了还有内伤，她现在还躺在爱达荷州博伊西的一家医院里。这促使他做了进一步的判断：“这是可接受的，**给定**让 S 去照顾玛蒂尔达吧，并且给定 S 是玛蒂尔达的丈夫，玛蒂尔达断了两条腿还有内伤，且玛蒂尔达正躺在爱达荷州博伊西的一家医院里，［**则**］让 S 下周都待在爱达荷州的博伊西吧。”

他再次组合相关条件句，并得到：“这是可接受的，**给定**让 S 取悦他的母亲吧且让 S 为他公司的盘点做准备吧且让 S 去照顾玛蒂尔达吧，并且给定 S 是他母亲最喜欢的儿子且 S 在公司的盘点即将到来时仍担任着总会计师职务且 S 在玛蒂尔达躺在博伊西的医院时他还是玛蒂尔达的丈夫（诸如此类），［**则**］让 S 下周都待在爱达荷州的博伊西吧，并且让 S 打电话安慰他的母亲并指导公司的日常工作吧。”（我们也许还要再加上一点：S 拒绝或不太能接受这样一个条件 84
句：该条件句具有和上述条件句一模一样的复杂前件但其后件是不一样的，例如后件变成了“让 S 把玛蒂尔达从医院中接出来并带着她去密尔沃基和红杉城吧”。）

非常认真地对待这个实践推论，S（恰如其分地）搜寻值得考量的其他要素或条件句，然而并无发现。于是，他对最后一个条件句应用分离规则，并得出结论说：“这是可接受的，让S下周都待在爱达荷州的博伊西，并打电话安慰他的母亲、安排公司的日常工作吧。”

现在，如果我们可以把这个例子当作特定类型之实践推理的一个范例（当然我们也必须这么做），那么对我来说之前构造的PTE原则不用做太大改变就可以直接应用于这个例子：我们只需要删除“真值性”这一语词，代之以“实践的”一词。在这类PTE原则的构造中，同样地会有恰当的搜寻，即针对颠覆这个可接受性-条件句的其他考量进行恰当的搜寻，并且同样地，这个可接受性-条件句到目前为止是成立的，同样地，主体都没能找到值得考量的其他要素或条件句，同样地，主体在此时此刻准备去应用分离规则。

然而，有必要做出两个评论，它们将指明实践的可接受性具有某些特征，并且这些特征可能会威胁到我在之前努力论证过的“歧义性议题”，即我想把我感兴趣的一般模态都视为要么是单义的，要么如果它们是多义的，则它们在真值性和实践这一界限的两端同样是多义的。（1）在我所举的例子中，主体S（或推理者）和可接受性-条件句所诉诸的对象都是**同一个**，一个人完全有必要去探索，当他们不是同一个人时将会发生什么；（2）在讨论实践的可接受性时，在一系列**相互竞争的**后件中，很可能存在相对于特定个体的隐蔽的关联性，而我对PTE的描述就利用了这种关联性。对于那些“相互竞争的”可能后件来说，它们必须被描述为一组可能的、开放的或可及的行动或事态，但是随之而来的问题“对谁来说是可能的？”“对谁而言是可及的？”就很让人尴尬了，因为要把相对性的

实践模态强加给某些特殊的人。我们所谈论的可及性或可能性是相对于推理者呢，还是相对于可接受性–条件句的主语呢，还是处于第三方的其他主体呢？在此我不去详述这些问题，因为它们与我将在下一章处理的问题密切相关。

为了减轻这些焦虑，尤其是当我们注意到非权衡式、**其他条件不变时**的可接受性时［参见原文第 77 页第二段中的定义］，我也没 85
有理由认为，为什么 PTE 的描述不应该同时应用在真值性和实践这两个维度上。当然还需要假定：通过删除表 3 中用“（ ）”括起来的短语，我们可以消去对权重或程度的诉诸或提到。然而，有时在这一领域中可以发现一种情境［参见表 3 下格赖斯设想的那个情境］，当我们在这种情境中应用分离规则时，我们所处的位置比我迄今所设想的都更为有利。这一现象可能不仅与权衡式可接受性相关，而且我不确定它是否就因权衡式可接受性而产生。正如我将要指出的，它具有某种哲学的意义。

表 3　PTE 规则的描述

如果（*a*）S 在时刻 t 接受一个真值性（实践的）可接受性–条件句 C_1，C_1 的前件在（一定程度 d 上）支持 C_1 的后件，

（*b*）S 在时刻 t 接受 C_1 的前件，

（*c*）S 对（其他）类似这样的条件句进行适当的搜寻后，不存在 C_2 使得

（1）S 在时刻 t 接受 C_2 及其前件，

并且（2）C_2 的前件是 C_1 的前件的扩充，

并且（3）C_2 的后件和 C_1 的后件不一致，

并且（4）C_2 的前件支持 C_2 的后件多于它支持 C_1 的后件：

那么，S 可以在时刻 *t* 判断（或接受）C_1 的后件（在程度 d 上）是可接受的。

注意：只需抹掉（ ）中的语词就是可应用于非权衡式可接受性的 PTE。

考虑一个不完全现实的例子。医生正在考虑如何为我称为“皮德克”的患者治疗。我将用“应当 *”、“必须 *”以及口语化的“想要”（is to）（**代替**“让它如此吧”［let it be that］）这些术语来重塑他

的看法或反思。医生具有以下可接受性–条件句，或者说，以下可接受性–条件句对医生是可及的，其中每个条件句都是通过例示一个**其他条件不变时**的概括（假装我们已经将这个概括很好地建立起来了）而得到的。

（1）“给定皮德克想要减轻发作性头痛（一种小病，它的一个常见症状是头痛），并且给定皮德克是 O 型血，**那么**皮德克应当* 去吃阿司匹林。”

（2）“给定皮德克想要减轻发作性头痛以及胃丛（一种小病，它的一个常见症状是胃痉挛），并且给定皮德克是 O 型血，**那么**皮德克应当* 采用电混合疗法来治疗 (这是该领域的最新疗法)。”

86 （3）“给定皮德克想要减轻发作性头痛以及胃丛，并且给定皮德克是 O 型血但他的血液中酒精含量异常高，**那么**皮德克应当* 被轻柔地按摩直至他的情况有所改善。”

这个医生接受前两个条件句的前件，但是他**拒绝**第三个条件句的前件，他没有发现皮德克的血液中酒精含量异常高。然而，该医生不仅拒绝条件句（3）的前件，而且他认为他有充分的理由拒绝对（2）的前件进行扩充而得到的**任意**条件句以及它的前件。他认为皮德克现在的情况就是发作性头痛加胃丛的最一般情形，尽管确实存在（甚至存在无穷多个）**更好的**其他条件不变时的**概括**，并且它们的前件是通过扩充条件句（2）的前件［或者说它们的前件是通过扩充（2）从中被例示出来的概括的前件而得到的］，但是这个医生很自信地认为——不存在任何这样的扩充条件句（或扩充条件句的前件），它将会更适合于**皮德克**。在这样一种情境下，我认为，医生有资格把皮德克的情形**近似地**当作（在一种非医学的意义上）一种**完全的**可接受性–概括[x]（它是不可废止的），在概括（2）中我们也可以把其中的“应当*”换成“必须*”来表达这一点。进而，该医生可以立即应用分离规则，并决定（或认为）皮德克必须*采用电混合疗法来治疗。

在类似于此的场景中，允许从“应当*”转变到“必须*”，这一允许与康德对伦理学理论的一个著名抱怨有关。用我的术语来说，我认为康德相信，不完美的义务或“值得称赞的”义务，例如发展某人天赋的义务或帮助他人的义务，可以被归入一类概括，并且这类概括以这样或那样的形式体现了可废止的实践可接受性。在这里（用康德的话来说）我们允许存在相互冲突的义务**根据**，尽管不能说存在相互冲突的**义务**。但是，就**完美的**或**严格的**义务而言，例如讲实话或遵守诺言的义务，这种处理是不可行的。必须将这样的义务理解为与实践**规律**相关的东西，即它们是体现完全的（非定性的）实践可接受性的一类概括。我猜测康德采取这一立场，部分是因为理论性的考虑，还有部分是因为他感到——如果他允许在后一类型的义务中有例外发生，（用我们的专业术语来说）就是允许唯一的“必须”变成某个“应当”，那么他将无法抓住他想要的**严格性**，即他觉得要给完美义务的特殊情形附加的某种严格性。他在这件事情上的“强硬态度”甚至让他招致些许嘲笑，比如说有一个关于他的 87
著名抱怨说的是，康德甚至认为一个正在寻找杀人目标的准杀人犯也应该讲真话。

在我看来，人们似乎可以接纳或尊重康德的这一个非理论性动机，与此同时还能让康德免于嘲笑，只要他应用我刚才所描述的［允许“必须”和“应当”相互转化的］授权就好了。到目前为止，我还未尝试着去刻画“道德的”可接受性及其形式，但是不妨让我们假设，首先，它们不同于我已经刻画过的实践-可接受性，因为与道德-可接受性相关联的概括将会**省略其前件**中的“意愿性”子句，它们的通常形式是“Acc（├ Fx；！Gx）”。现在，我们可以很容易地认识到，即使是关联于“完美义务”的那些概括也可以是**其他条件不变时**概括的变形，并且，考虑到存在这样的情形，一个人因此也就有权力或有资格将“应当 *”变成“必须 *”。对我来说，正是因为这一点，它不仅保留了康德的直觉并让他免于嘲笑，而且也让我处于一个更能被大家理解的地位。

被包含的模态记号和可满足性

在开始进入本章最后部分的讨论时，我会想起第一章后半部分的一个片段，并在此基础上稍作扩充。从“一般性”的观点出发，[1] 通过运用**形式**的转化，我将把推理看作是用于扩大我们的可接受的一种禀赋：从一个可接受［的东西］的集合到另一个可接受［的东西］，并且要确保**价值**（value）从前提传递到结论，如果这些价值
88 附属在前提之上的话。这里的“价值”我意指的是可以作为价值的一些属性（毫无疑问，它是一些特定**种类**的价值）。真就是这样的一个属性，但它不是唯一的。现在我们可以确定另一个，**实践的**价值（善）。因此，每一种这样的价值都应该被视为一个更一般的概念“**可满足性**”的一个特例。

让我们更全面地来看一下这样的处理是如何构建出来的，尽管这一概览依然是很抽象的。

第一步。我们有句子式-句根，它们可以被定性为“句根真”或“句根假”，有一些被如此定性的句根，也可以被定性为“句根善”或“句根恶”。

[1] 对这种“一般性观点”的讨论，参见 Paul Grice，“Reply to Richards”，收录于 Richard Grandy and Richard Warner(eds.), *Philosophical Grounds of Rationality: Intentions, Categories, Ends* (Oxford: Oxford University Press, 1986).

第二步。我们有判断句（即“⊢”-句式），其中真（或假）将会指派在这些判断句之上，如果它们的句根恰好被定性为句根真（或句根假），并且我们也有意愿句（即“!”-句式），其中实践的有价值（或实践的无价值）将会指派在这些意愿句之上，如果它们的句根恰好被定性为句根善（或句根恶）。由于句子形式会指明它关联的是什么类型的价值，所以我们可以使用**一般**词项“可满足的”。

第三步。我们在对象语言中引入短语“是真的”和“是善的”，“⊢p 是真的”这句话是经由**真**而成为可满足的，仅当“⊢p”是经由真而成为可满足的；类似地，“！p 是善的”这句话是经由**真**而成为可满足的，仅当“！p”经由具有**实践价值**而成为可满足的。

第四步。我们引入“是可接受的”（这是我一直在使用的句法构造），在实践层次上，“！P 是可接受的”为真，仅当“！P 是善的”为真。[xi]

我们现在可以引入一些经典的二元联结词的一般版本，如果我们有意于此的话，不妨用“φ”和“ψ”表征两个句子（任意两种模态之一），我们可以规定是可满足的，[φ&ψ]是可满足的，仅当[φ]是可满足的并且[ψ]是可满足的；[φ或ψ]是可满足的，仅当[φ&ψ]中句子对中至少有一个是可满足的；[φ → ψ]是可满足的，仅当，要么[φ]是不可满足的，要么[ψ]是可满足的。然而，还有其他一些点需要说明一下。

（1）我还不完全清楚引入这些联结词的动机到底有多强烈，我也不清楚如果引入了这些联结词，是否不应该对此施加任何限制。让人产生困惑的例子当然是那些**复合型的**例子（即一个子句是判断式的，而另一个子句是意愿式的）。从日常言说中寻求指导性意见，这似乎是很自然的做法。“这个动物很脏，并且（让我）不要碰它” 89
这一说法似乎是合理的，但是“不要碰那个动物，并且它很脏”这一说法就很可疑了。从习惯上来说，“触碰那个动物并且它会咬你”既不是一个合取命题，也不是真正要你去触碰那个动物。并且，“要么他正在洗澡，要么把浴室的门打开”这一说法是可理解的，但是“要么把浴室的门打开，要么他正在洗澡”这一说法就不是那么好理解了。

（2）还有一个值得我们关注的点。在一些非复合型的例子中，可满足性或者全部被刻画为经由真的可满足性，或者全部被刻画为经由实践价值的可满足性，但是，在**复合型的**例子中，这样的一种针对刻画方式的规定是不太可能的，除非我们专门为此做出特别限定（举例来说，限定意愿性模态占据主导地位）。

（3）然而，最大的缺陷来自否定词（我在之前的论述中刻意将其忽略过去了）。“并非 ⊢ p”也许可被看作是等价于“⊢并非 -p”，但是对“并非！ p”来说呢？在下面这些例子中，我们到底说了些什么呢？例如“让它如此吧，我现在把我的手放在额头上”或者“让它如此吧，我的单车面朝北方”，在这些例子（或者至少是它们出现的某些场合）中，似乎既不要求“！ A”或者是可满足的或者是不可满足的，也不要求“！ ～A”或者是可满足的或者是不可满足的。那么，我们到底给“～！ A”和“～！ ～A”都指派什么值呢？我们是否要完全禁止使用这些形式（在**所有的**场合和情形中）？但这似乎很可惜，因为“～！ ～A”似乎是一个很有希望的备选项，用以表征“你可以（允许）做 A”，也就是说，我表示对禁止你去做 A 的一个拒绝。我们是否需要禁止这些形式被包含在更复杂的结构中呢？但是，这似乎又太严格了（再次地，如果我们想用它们来表征“允许”的话）。再次地，如果“！ A”既不是可满足的又不是不可满足的，我们还要不要给“！ A”指派一个第三值（即实践上中性的），或者我们会说存在一个“实践价值上的间隙”这些问题，以及其他类似的问题都需要仔细考虑，但是我并不认为它们最终会被证明是无解的，同样地，与预设有关的类似问题也不是无解的。在后一种情况下［即与预设有关的问题］，寻找解决方案的困难不如说是从已有的解决方案中选择出最佳方案的困难。

i 康德的技术命令，其英文表述是“Kant’s Technical Imperatives”，它又被称为技术规则（Rules of Skill），它是假言命令的一种。另外一个假言命令是“明智的建议”（Counsels of Prudence）。技术命令仅仅要求我们可采用必要的手段去获得任意的目的，无论这个目的是不是应该被欲求的。例如，技术规则既可以告诉外科医生什么药可以治愈一个病人，也可以告诉一个邪恶的人什么药可以毒死一个人。

ii 这里出现的单义性问题（The Univocality Question）和之前讨论过的“歧义性议题”（The Equivocality Thesis）很相似，参见导论中的译者注 i 。

iii 对于这一段文字，我的理解是这样的：如果“that”可以将一个不包含情态动词的语句“句根化”，那么它也可以将一个包含情态动词的语句“句根化”。但是，后一操作是不可接受的，因为这会抹掉“⊢p”和“！p”这两个情态标记词所造成的差异。

iv 在第一种解读中，它实际上是对“可接受的”做了一个收缩论的解释。这使得“这是可接受的，让它如此吧，我回家”就等同于“让它如此吧，我回家”。如果我们用带引号的句子“让它如此吧，我回家”去替换“这”的话，这个收缩论解释的功能就是去除引号。正如，格赖斯指明的，“可接受的”的收缩论解释对真值性论证来说问题不大，因为真的收缩论解释得到过充分讨论或辩护。但是，即便我真的接受我决意回家，我也不一定就真的决意回家，这就是所谓的不自制现象或意志薄弱现象。对形如“Acc（！ p）”的意愿语句在“语义上”进行一个收缩论的解释必然会导致不可能存在不自制这一结果。在第二种解读中，“被欲求地”或“或然地”这样的修饰语是不能被消去的：尽管一个人决意回家是被他欲求的，但是他依然可能没有真正地去决意回家，此种解释下不自制是可能的。

v 就形式而言，这两种论证模式只有一处差异：第一个论证模式的结论是“或然地，B”，而第二个论证模式的结论是“或然地［that］B”。后者显然是把“或然地”当成一个句子式副词以修饰“［that］B”这个语句，此时结论表达的是基于给定前提该语句成立的客观概率；与之不同的是，我们可以对前者中的“或然地”进行其他解释，例如“基于给定前提，做出论证的主体认为 B 是可能的”，在此解释下“或然地”更像是一个基于给定前提的主观概率。

vi 这句话读起来非常别扭，但并非不好理解。你可以将它理解为，斯诺德格拉斯是天在下雪时的那个斯诺德格拉斯。同理，接下来的这个句子“此人是天在下雨这般的”也可以理解为“此人是天在下雨时的那个人”，诸如此类。

vii 由于（4）中的操作可以让可接受性陈述中的各子句统一主词，进而根据此处的操作就可以把判断式子句“吸收”或“合并”到第一个意愿式子句中。举例来说，“这是可接受的，给定我想要保持干爽并且在下雨，［则］我想要带伞”。第一次改写后会变成“这是可接受的，给定我想要保持干爽并且我处在下雨的环境中，［则］我想要带伞”；第二次改写后会变成“这是可接受的，给定我在下雨时想要保持干爽，［则］我想要带伞”。两次改写后，可接受性陈述中的判断式子句就被吸收了。

viii “能够进行权衡的、真值性的可接受性条件句”这个名词所带的定语过多，可按照如下的方式来理解：首先，它是一个可接受性的条件句，这意味着它形如“it is acceptable that，given…［then］…”；其次，对于模态词“acceptable”的分型是真值性的，而不是实践的；最后，对“it is acceptable that…”的语义判断是综合考虑或权衡的结果。

ix 参见原文第 74、75 页中斯诺德格拉斯罹患高血压病的那个例子。

x 对“完全的”“非定性的”“毫无保留的”可接受性–概括（或可接受性–主张）的概念分析，参见原文第 78 页第二段。

xi 对格赖斯此处使用的术语，译者做一些说明。第一步中，有一些句子式的句根既可以用真假来评价，也可以用善恶来评价，例如“张三孝顺父母”。一方面，从真值性角度来看，如果张三的确对他父母很好，则该句根可被定性为句根真，否则被定性为句根假；另一方面，从实践的角度来看，如果张三对他父母好是被要求的（不管是法律的要求、道德的要求，还是其他什么方面的要求），则该句根可被定性为句根善，否则被定性为句根恶。第二步中，由于句根有真假或善恶之分，因而由句根构造出来的判断句或意愿句就有了真假或善恶。特别值得注意的是，格赖斯使用了“实践的有价值”来意味“善”，而用“实践的无价值”来意味“恶”。第三步中，格赖斯的目的是要引入“是可满足的”这一概念，但是在格赖斯看来“可满足”有两种形式：①在真值性维度上，经由真而成为可满足的（satisfactory qua true）；②在实践维度上，经由具有实践价值［善］而成为可满足的（satisfactory qua having practical value）。正如他在第二步中的解释，由于“⊢p”和“！p”这两种句式本身已经标识了它们属于哪一维度，因此我们可以一般地使用“可满足”这一概念，而不用特别标注经由真的可满足或经由善的可满足。除此之外，第三步中还有一点需要强调：“⊢p 是真的”是理论理性上对“⊢p”的接受，这一接受（或判断）根源于 p 可被定性为句根真；而“！p 是善的”是实践理性上对“！p”的接受，这一接受（或判断）根源于 p 可被定性为句根善。

第四章　实践理由与真值性理由（第二部分） 90

实践的可接受性与真值性的可接受性之间的推论关系

迄今，我一直都处于理论或议题的早期探索阶段，我现在将其重命名为“歧义性议题”，它相关于特殊的一般模态，我一直在努力评估这一议题的前景。“歧义性议题”，是指这样一个或一组议题：考虑到特殊的一般模态，该议题主张，或者这些一般模态在跨越实践/真值性的界限时保持了意义的单一性，或者如果它们是多义的，那么它们的多义性将同等地展现在实践和真值性这两个维度的任何一端。我的策略是提出一个尽可能好的初始方案，以便将特殊的一般模态［例如，“必须”“应当”“应该”等］在实践/真值性这两个维度上的使用都通过单一的可接受性模态（即“Acc”）表征出来，换言之，任何一般模态的跨界都可以通过可接受性模态的单一集展示出来。此外，真值性-可接受性和实践-可接受性二者间的差异则归于判断式模态标记词（即“⊢”）和意愿式模态标记词（即“！”）之间的差异，再加上一些结构上的差异——例如，出现在实践维度的可接受性，其形式是一个可接受性-条件句，并且它的前件带有两个空位以及在这两个空位中出现的是“混合的”模态标记词。在可接受性-条件句中，上述结构上的差异都可以合理地归于“⊢”和“！”之间的差异性。到目前为止，我仅考虑了意愿的可接受性，它或多或少类似于康德的技术命令。并且我现在还没有对［可接受性］在跨界时可能成立的推论性关系发表任何见解，特别是对以下可能性还未发表任何见解，即意愿-可接受性（或它的某些成员）也许等同于某些特殊的真值性-可接受性，或者说，意愿-可接受性可从真值性-可接受性中推论出来。现在是时候来弥补这些空白了，我们从第二个空白开始。存在这种跨越界限的推论性关系，这一问题之所以吸引人们的注意有多方面的原因：①它自身就是很吸引人的，因为它给出了一些令人感兴趣的一般逻辑事实；②有一类人认为实践-可接受性在哲学上是有问题的，但是他们却完
91 全不担心真值性-可接受性，现在这类人可以放心了，只要他们想到实践-可接受性是可以从真值性-可接受性中推导出来的；③另一类人并不认为这两类可接受性概念有**什么**问题，但是他们依然（无疑也**应该**）认为**二者**都是需要哲学辩护的，如果我们能够显示特定的真值性-可接受性得到辩护，这就意味着特定的实践-可接受性也得到了辩护，那么对二者的哲学辩护也将推进一步；④这种跨界推论性关系的展示，其自身与“**歧义性**议题”及其前景有关。

我将开始展开这一主题的实质性讨论，为此目的，我会使用到目前为止我还没有使用过的一个一般模态，即“应该”模态，它暂未关联于可接受性的任何子型。在某一确定意义上，这是一个带有欺骗性的小伎俩，因为这样做的目的是掩盖一些细节上的复杂性，

如果我调用之前已经用过的模态，这些细节会使事情变得很麻烦。但是，由于我打算在不久的将来揭露其中的一些细节，也许我的做法可以被看作是一种说明性的手段，因此它只是一种**暂时的**欺骗。

让我们用下述可接受性-语句来举一个例子：“为了保持皮肤的年轻，如果一个人的皮肤相对不太敏感，他应该在晚上睡觉前在脸上涂上花生酱。”在我的表征框架中，这个让人着迷的配方可以表述为，“它应该是如此的，给定一个人想要保持皮肤的年轻并且他的皮肤相对不太敏感，[则]让他晚上睡觉前在脸上涂上花生酱吧”，或者简写为一般的符号形式“Should（！E，├F；！G）”。现在，至少有一个主张具有初步可理解性，该主张认为这个实践-可接受性陈述是（经由真而成为）可满足的，仅当，下述真值性-可接受性陈述也是（经由真而成为）可满足的：“它应该是如此的，给定事实是如此的——一个人晚上睡觉前在脸上涂上花生酱，并且给定事实是如此的——他的皮肤相对不太敏感，[则]事实是如此的——这个人保持了皮肤的年轻。”更一般地，以下主张看来也是有一定道理的：一个形如“Should（！E，├F；！G）”的例子为真，仅当，与之相应的形如“Should（├F，├G；├E）”的例子为真。

在展开进一步探索之前，我将试图简要地讨论在此可能提出的一个反对意见。我能够设想一个热情的描述主义者，在面对一些希望实践-可接受性概括可以拥有合法的独立地位的人时，他**首先**就会 92
抱怨这些概括的真值条件是不适于使用的，也许是原则上不能使用的，因此这样的概括不应该被认真对待。继而，我们向他指出，至少存在这样一类情形使得真值条件是可以使用的，它们可以在相关的真值性概括中被找到，并且这类真值性概括也是他接受的。即便如此，他**还是**会抱怨说，如果发现了这样的真值条件——该真值条件将实践-可接受性概括为真，表征为仅当相应的真值性概括为真，那么实践–可接受性概括就可以被简单地**还原为**真值性–可接受性概括，但是他还可以基于另一个理由说这一做法不值得认真对待：它们［被还原的实践–可接受性概括］只是真值性概括的简单**变形**，如果是这样的话，没有它们我们也可以照常生活。也许你们中的一些人已经听到过某些热情的描述主义者发表类似风格的看法，至少不会差得很远。现在，对这种异议的深刻回答（我认为）将显示出推理系统的必要性，在这种推理系统中，通过可接受性推理所传递的价值不是真值而是实践价值，同时还展示了实践–可接受性概括在这种系统中的作用。我猜测这样的回复是可以很好地被建构出来的，但是我手头（或心中）还没有对此形成一个系统的想法，因此我不会尝试着去提出它。然而，一个临时性的应答可以采取如下形式：尽管它可能是真的（但绝不是确实无误的），即特定的实践–可接受性概括与某些相应的真值性概括具有相同的真值条件，但并不能由此得出结论说，前一种概括可以简单地还原为后一种概括，这在某种程度上是对“还原”的不体面使用。这是因为，尽管这两种类型的概括都是**可废止的**，但它们不是以同一种方式被废止的。更准确地说，一个给定的实践概括的废止性条件不同于它所对应的真值性概括的废止性条件。一个形如“Should（！E，⊢F；！G）”的概括，不妨假设它的废止性条件是“E^*”。这就是说，形如“Should（！E & ！E^*，⊢F；！G^*）”的废止性概括是真的，其中“G^*”和“G”是不一致的，并且它可以和原来的实践概括“Should（！E，⊢F；！G）”保持一致（即可以同时为真）。该实践概括所对应的真值性概括形如“Should（⊢F，⊢G；⊢E）”，但是，因为“E”**并未**
93 出现在真值性概括的前件之中，所以“E^*”**不可能**是**这个**概括的一个废止性条件。并且，由于在一定范围内废止性条件所承担的废止责任对可接受性概括在推理中所扮演的角色至关重要，因此实践概括与相应的真值性概括二者之间的差异（即废止性条件不同）就足以取消前者向后者的还原。

回到本节的主题上来。假若我们干脆痛快地接受“Should（！E，⊢F；！G）”为真仅当“Should（⊢F，⊢G；⊢E）”为真这一主张，则我们只是简单地基于直觉而接受这一主张，当然“直觉”之名下既包含语言的直觉也包含逻辑的直觉。如果这个主张是正确的，那么我们就应该在同时获得一个更强的保证——保证它是正确的，我们还应该同时获得对真值性-可接受性和实践-可接受性的一个更好的理解。如果我们可以通过某些一般原则推导出这一主张，进而显示出该主张**为何**是正确的，那么我们就很有可能会得到一个更强的保证，也很有可能会得到一个更好的理解。事实上，出于与此不同的一些理由，康德正是通过这样一种方式试图去证明与技术命令稍微有点不同但关系很紧密的一个论断的有效性。用我的术语来说，康德所选择的形式可以表征为“这是完全可接受的，给定让 B 如此吧，[则] 让 A 如此吧”，或者表征为“这是必然的，给定让 B 如此吧，[则] 让 A 如此吧”。在《道德的形而上学基础》中，康德给出了一个完全陈述的技术命令，应用我的术语于该陈述，我们就得到了“这是必然的，给定让我基于一个正确的原则来等分一条线段吧，[则] 让我从它的端点画出两条相交的弧线吧”。不妨把这一陈述称为（α）。尽管康德没有把自己的意见表达得很清楚，但是我非常确定他主张的是，这个命令句是凭借着下述事实而成为有效的，即它是一个为真的指示陈述句的逻辑后承，并且在现在的语境中它就是毫无异议地经由几何学证明的一个指示陈述句——如果一个人基于一个正确的原则来等分一个线段，那么一个人**只能**通过从它的端点画出两条相交的弧线来做到这一点。不妨称这个陈述为（β）。康德的论证**似乎**可以表达如下。

（1）这是分析的，任何人决意某个目的（the end），并且只要理性能够决定他的行为，那么他也会决意此目的所必需之手段。

（2）因此，这是分析的，就一个人是理性的而言，**如果**他决意A，并且他判断出［如果A，则A只能是B的一个结果］[i]，**那么**他就将决意B。

（3）因此，这是分析的，就一个人是理性的而言，**如果**一个人
94 判断出［如果A，则A只能是B的一个结果］，**那么**［如果他决意A，那么他就决意B］。

（4）因此，这是分析的，**如果**［如果A，则A只能是B的一个结果］是真的，**那么**［想要A，毋庸讳言就必须想要B］。

据此，通过替换我们可以得到（5）：这是分析的，如果β，那么α。

在我看来，这是值得称赞的：从康德的角度，**首先**，他看到有必要辩护这种类型的假言命令，但这太容易了以至于被认为是理所当然的。**其次**，他援引了“谁决意目的，谁就决意该目的之手段”，从直观上看，这种援引似乎是正确的。然而，很不幸的是，从（3）到（4）这一步骤似乎在两个不同方面存在着争议。一方面，好像有一个尚未得到辩护的“必须”出现在（4）中条件句的后件中，并且这个条件句在（4）中被断言是分析的。在任何情况下，最多能做到的是，当该条件句的前件为真时可断言“如果让A如此吧，那么让B如此吧”。另一方面，这也许是一个更严厉的挑战——有什么权力将（3）中出现的心理动词“判断”和“意愿”在（4）中省略掉，即便（ⅰ）**判断**出［如果A，则A是B的一个结果］和（ⅱ）这是如此的——［如果他**决意**A，那么他就决意B］，这二者之间有一个分析式的联结，但是它如何产生出下述二者间的分析式联结呢，即（ⅰ）**这是如此的**——［如果A，则A是B的一个结果］和（ⅱ）这个“命题”——如果让A如此吧，那么让B如此吧，这二者之间

的分析式联结呢？（3）中出现的短语“就一个人是理性的而言”，能够使得（3）到（4）这一步骤合法化吗？

我不知道对这两个困难中的第一个提出什么补救措施，但我将尝试着重建康德的论证，这**可能**会让第二个困难有所减轻。实际上，这甚至可能会扩展康德的真实思想。但是，无论是否如此，想要我对它的充分性抱有信心，还有很长的路要走。

（1）让我们假设这是一条**基础的**心理规律：**在其他条件不变时**，任何（足够发达的）生物 x，对任意的 A 和 B 而言，**如果** [x 决意 A] 并且 [x 判断，如果 A，那么 A 只可能是 B 的结果]，**那么** [x 决意 B]。我认为它恰当地表征了“无论谁有意愿去达成一个目的，那么一定要有意愿去达成该目的所必要的且不可或缺的手段”。所谓**基础的**规律，我的意思是这个规律或其中的一条规律将赋予“意愿”和“判断”以特殊的意义，它们据此也就命名了用于行为解释的那些 95
概念。因此，我假定，拒绝这个基础的心理规律将**剥夺**“意愿”和“判断”这两个词被赋予的特殊意义。如果 x 是一个**理性的**生物，因为此时他的可接受性态度至少在某种程度上是受他自己掌控的（即意愿或判断上的赞同能够被**保持**或被**拒斥**），那么说他遵从这个基础的心理规律，仅当，以下陈述为真：

（2）x 决意（它确实是 x 的意愿）（对任意的 A 和 B 来说）如果 [x 决意 A] 并且 [x 判断，如果 A，那么 A 只可能是 B 的结果]，那么 [x 决意 B]。

就 x 理性地做出行动而言，x 应该如（2）所描述的那样做出意愿，仅当，x 判断出：如果 [（他）决意 A] 是可满足的，并且 [（他）判断出，如果 A，那么 A 只可能是 B 的结果] 也是可满足的，那么 [（他）决意 B] 也是可满足的；否则，x 还执意做出（2）中所描述的意愿，那么他就甘愿冒着从可满足的态度转变为不可满足的态度这一风险。因此，给定 x 如（2）所述那样做出意愿：

（3）x **应该**（准理性地）判断出，对任意的 A 和 B 而言，**如果**［决意 A］是可满足的并且［判断出，如果 A，那么 A 只可能是 B 的结果］是可满足的，**那么**［决意 B］也是可满足的。

由于可接受性的态度的可满足性，是将它自身解决在这些态度（用合适的模态算子进行标记）的**内容**的可满足性（不同于第三章的讨论）上，因此，如果 x 如（3）那样做出了判断，那么：

（4）x **应该**（准理性地）判断出，对任意的 A 和 B 而言，**如果**［！A］是可满足的并且［⊢[ii] 如果 A，那么 A 只可能是 B 的结果］是可满足的，**那么**［！B］也是可满足的。

并且如果 x 如同（4）一样做出了判断，并且因为（A & B → C）逻辑蕴涵 A → (B → C)，所以有：

（5）x **应该**判断出，对任意的 A 和 B 而言，**如果**［⊢如果 A，那么 A 只可能是 B 的结果］是可满足的，那么，如果［！A］是可满足的，那么［！B］也是可满足的。[iii]

但是，如果 x 判断出，对任意的 A 和 B 而言，可满足性是以这种特殊的方式来传达的[iv]，那么：

（6）x **应该**判断出，对任意的 A 和 B 而言，如果［⊢如果 A，那么 A 只可能是 B 的结果］，**那么**，如果［！A］那么［！B］。

但是，如果**任何理性的存在**应该（准理性地）**判断出**，对任意
96 的 A 和 B 而言，第一个命题形式产生出第二个命题形式，那么第一个命题形式**的确**就产生出第二个命题形式，因此：

（7）对任意的 A 和 B 而言，如果［⊢如果 A，那么 A 只可能是 B 的结果］，那么，如果［！A］那么［！B］。

（对于使用和提及的完全忽视再次表示道歉，忽视它的理由我之前已经给出了。）

表 4 概括了这个论证的各个步骤。

表 4　对技术–可接受性的授权

Ⅰ. 康德的步骤
α= 这是必然的，给定让我基于一个正确的原则来等分一条线段吧，[则] 让我从它的端点画出两条相交的弧线吧。
β= 如果一个人基于一个正确的原则来等分一个线段，那么一个人只能通过从它的端点画出两条相交的弧线来做到这一点。
(1) 这是分析的，就一个人是理性的而言，他决意任何一个目的，那么他也会决意 [该目的之] 手段。
(2) 这是分析的，就一个人是理性的而言，**如果**他决意 A，并且他判断出 [如果 A，则 A 只能是 B 的一个结果]，**那么**他就将决意 B。
(3) 这是分析的，就一个人是理性的而言，**如果**一个人判断出 [如果 A，则 A 只能是 B 的一个结果]，**那么** [如果他决意 A，那么他就决意 B]。
(4) 这是分析的，**如果** [如果 A，则 A 只能是 B 的一个结果] (是真的)，**那么** [想要 A，毋庸讳言就必须想要 B]。
(5) 这是分析的 [that] 如果 β，那么 α。
Ⅱ. 重建后的步骤
(1) 基础的心理规律：**在其他条件不变时**，任何生物 x，对任意的 A 和 B 而言，**如果** [x 决意 A] 并且 [x 判断，如果 A，那么 A 只可能是 B 的结果]，**那么** [x 决意 B]。
(2) x 决意 (它确实是 x 的意愿)，对任意的 A 和 B 而言，**如果** [x 决意 A] 并且 [x 判断，如果 A，那么 A 只可能是 B 的结果]，那么 [x 决意 B]。
(3) x **应该** (准理性地) 判断出，对任意的 A 和 B 而言，**如果** [决意 A] 是可满足的并且 [判断出，如果 A，那么 A 只可能是 B 的结果] 也是可满足的，**那么** [决意 B] 也是可满足的。
(4) x **应该** (准理性地) 判断出，对任意的 A 和 B 而言，**如果** [！A] 是可满足的并且 [⊢如果 A，那么 A 只可能是 B 的结果] 也是可满足的，**那么** [！B] 也是可满足的。
(5) x **应该** (准理性地) 判断出，对任意的 A 和 B 而言，**如果** [如果⊢A，那么⊢A 只可能是 B 的结果] 是可满足的，**那么**，这是可满足的，如果让 A 如此吧，那么让 B 如此吧。[v]
(6) x **应该** (准理性地) 判断出，对任意的 A 和 B 而言，[⊢如果 A，那么 A 只可能是 B 的结果]，**产生出**，如果 [让 A 如此吧] 那么 [让 B 如此吧]。
(7) 对任意的 A 和 B 而言，[⊢如果 A，那么 A 只可能是 B 的结果]，**产生出**，如果 [让 A 如此吧] 那么 [让 B 如此吧]。

97 明智的可接受性

为了更方便地开启这个主题的讨论，我们再次选择从康德的观点出发。康德认为，存在一类假言命令的特殊子集（并把它称为“明智的建议”）。它非常类似于康德的技术命令，除了一点之外：这个命令的完整形态所刻画的目的是“幸福”（一个人的幸福）这一**特殊的**目的。翻译成我的术语，它似乎相当于说，举例来说，存在一类特殊的子集，它们是一种条件式的、单称的实践-可接受性，其结构为“这是可接受的，给定让 *a*（一个个体）快乐吧，则让 *a* 去成为（去做）G 吧”；在大多数时候还需要附加一个直陈性的子前件“这是如此的［that］*a* 是 F”，并且这个子前件可以毫不费力地就被附加上去。同时需要假定的是，相应于这类特殊的单称-实践-可接受性，也将存在与之对应的一类特殊的实践-可接受性-概括。我认为，康德可能会赋予这类明智-可接受性-条件句[vi]以如下的主要特征。

（1）这类条件句的原理和技术命令的原理完全一样，它们原则上都可以被看作是“谁是谁（目的）的一个手段”或“谁是谁（目的）的唯一手段”这类指示性陈述的逻辑后承（或分析式后承）。我现在做哲学和我追寻幸福二者间是因果关系，这一因果关系与我吃阿司匹林以缓解头痛这二者间的因果关系并没有显著的差别。

（2）然而，尽管它们同样都是因果关系，可问题在于我现在做哲学是否**事实上**将提高我的幸福，这依然是悬而未决的。为了解决这一问题，我不得不是全知的，因为我必须确定我现在做哲学将“给我的现在和未来带来最大的福利”。

（3）特殊的明智-可接受性-条件句具有特殊的目的（即幸福），并且我们知道这个特殊目的是每一个人都具有的目的，是一种“自然的必然性”，因此，与技术命令不同，它们对于主体自身的适用性是任何人也否认不了的。

（4）在我们提出道德要求之前（道德要求将对自身幸福的关注作为一种**衍生**义务），对欲求某人自身幸福的唯一肯定性评价是一个 98
真值性评价；一个人**应当**或者**必须**欲求他自己的幸福，仅仅是在下述意义上成立，即无论这个人是谁，这是可接受的——**这是如此的**（或⊢）[that] 一个人欲求他自身的幸福；其中的“应当”和“必须”是非实践性的。对我而言，这个立场类似于休谟所极力主张的“**自然的倾向**”，而不是“**辩护**”。

我将在以下两个或三个方面不赞同康德的观点。

（1）我认为，康德并没有投入更多的精力去思考幸福的本质，毫无疑问这是因为他认为幸福对于道德的哲学基础而言无足轻重。因此，尚不清楚的是，康德是将幸福视为一个**独特的**目的，一个与人们为了幸福而去追求的各种目的所不同的**独特**目的，还是将幸福视为一个复合的目的，并且其中就包含了（在“包含”的某种特殊意义上）为了幸福而去追求的各种目的。如果他确实将幸福视为一个独特的目的，那么我认为康德弄错了。

（2）我认为他肯定是弄错了，他把有益于幸福的事物想象为四脚着地的事物，（比如说）就好像有益于缓解头痛的事物一样。也许，在这两种情形中都出现了因果关系。

（3）我**倾向于**认为他是错的，如果他认为，除道德之外，不存在一个关于“应当”的**实践**解释使得一个人应当去追求（欲求、目标指向）他自身的幸福。

因此，有三个并不相干的问题，需要我们加以注意。

（A）幸福的**本质**是什么？

（B）在什么意义上，如果有这种意义的话，说我**应该**欲求（或目标朝向）我自身的幸福？为什么？

（C）如果某些事物有益于幸福，那么这些事物与幸福本身的联系及其本质是什么？（特别是，“有益于”一词意味着什么？）

尽管回答这些问题是非常困难的，但我还是决定先从问题（C）开始。我假定，如果我不能给出一个完整且连贯的答案，我会被原谅。

让我们简要地看看亚里士多德说了什么。我认为，亚里士多德在这一领域的观点更为成熟。

（1）尽管这绝不是没有争议的，我还是倾向于认为，亚里士
99 多德的确把幸福（*eudaemonia*）视为一个复合的目的，其中包含了（在某种特殊的意义上）构成幸福的各种目的。用现代评论者的行话来说，我猜测亚里士多德认为幸福是一个“相容的”目的，而不是一个“统治的”目的。

（2）他当然认为一个人应该（实践的“应该”）把目标指向他自身的幸福。

（3）（下面这件事直接相关于我现在的目的。）我强烈怀疑这一点，即亚里士多德并没有想到（不妨说）我做哲学研究和我的幸福二者之间的关系是一个直接的因果关系。我清楚地记得《尼各马可伦理学》第六卷第12、13页中的论述，亚里士多德区分了智慧（“实践智慧”）和聪明（或者有人也许会说是足智多谋）。他在那里做出了如下的论断：（*a*）智慧不同于聪明，尽管很**像**它；（*b*）**没有**聪明，智慧将不会存在；（*c*）智慧总是值得称赞的，要有智慧就必须有美德，但是聪明并不总是值得称赞的，比如说恶棍的聪明；（*d*）智慧和聪明之间的关系可以类比于真正的美德与“自然的”美德之间的关系，亚里士多德在同一个地方谈及（*a*）和（*d*）这两点。面对这些数量不是很多的评论，一些评论者把亚里士多德的观点解释为（我认为这是有些牵强的），智慧和聪明之间存在的**唯一**区别是前者

要求美德的出现而后者并未做出这样的要求，智慧就是在善事上聪明。这一观点用于解释《尼各马可伦理学》第六卷会产生额外的困难，除此之外，将它归结于亚里士多德似乎也没有非常尊重他的智慧，特别是，就文本而言似乎也不**需要**这种解释。

遵从奥斯汀（Austin）很久之前给我的一个建议，我更倾向于认为亚里士多德实际上区分的是：（*a*）智慧的典型表征，即某人具有能力以确定他应该做**什么**（**什么**是应该被做的）；（*b*）聪明的典型表征，即某人具有能力以确定他**如何**去做他应该去做的事情。在这一解释下，聪明显然是（在一种确定的意义上）从属于智慧的，因为聪明能够出现（或者说，与聪明相关的性质能够出现）仅当这里已 100
经存在了确定的应该要做的某些事情。这样去思考问题也是有益的，或者是被建议的：把智慧看作是（或被同化为）一种**管理**能力，而聪明则好比是一种**执行**能力。最初，我会将聪明关联在一种能力上，一种认识到（或设计出）**技术**-可接受性的能力上，尽管后者的范围可能会大于聪明将要涉及的范围，而智慧最初却显示在其他方面。在这一假定下，对至今仍不很清楚的亚里士多德式区分［即智慧与聪明的区分］继续展开讨论，这显然是探索问题（C）的一种方式，或者至少是探索与（C）很接近的问题的一种方式，这是因为我们会询问：除了“技术的”可接受性外，为了有效地进行实践推理我们还需要哪些其他类型的可接受性？我很担心我在这里所做的工作将是粗略的，不是很系统。

我们首先要进一步探讨“管理 / 执行”的区别，我必须承认这一区别是很模糊的，而且一点也不扎实（可能会在不同的情况下，在完全不同的地方划出不同的界限）。一位老板告诉他的秘书，下周他将去这样一些地方出差，并请她代为安排旅行和住宿。我想这个事情并无任何特别之处。但是，假设这个老板并没有给他的秘书下达这些指示，而是对她说，下周他想去某个地方或其他地方出差谈生意，并要求她安排目的地、要谈判的事项、要与之谈判的公司，并简要地提点他对他将拜访的人说些什么。这就会显得很不同寻常了，秘书**可能**会生气地回答：“我领的薪水是担任你的秘书，而不是替你经营业务，更不用说去代替**你**了。”这两种情况在哲学上有什么区别呢？

如果一个人在时刻 t 具有一个欲求或意图 D，并且在时刻 t 他不具有比 D 更具体的其他欲求或意图，那么让我们称其为“他在时刻 t 的终端意图（或终端欲求）”。举例来说，如果一个人在时刻 t 想要一辆汽车，但与此同时说他想要一辆梅斯德斯，这也是真的，那么他欲求一辆汽车就不是他的终端欲求。一个终端欲求可能是不那么具体的，现在我认为我们可以（粗略地）区分出（至少）三种方式，它们都可以用来描述终端欲求的不具体性。

（1）D 可能不**那么**具体（*finitely* non-specific）。例如，一个人想要领养一只大型猛犬来守卫他的房子，但是他并不在乎他将要领养的是哪种大型猛犬；任何一种大型猛犬都可以，至少在常识范围内
101 的大型猛犬都可以。此外，他也没有想到过他的态度（即任何一种大型猛犬都可以）会随着行动时间的临近而发生改变；当然他将会得到某一特定类型的狗，但是到底是什么样的狗，这将取决于有用性这样的事情。

（2）D 也可能**很**不具体（*indeterminately* non-specific）。这也就是说，欲求者可能会认识到（并且意图）在他行动前这个欲求或意图 D 应该要比现在更加具体，（不妨说）他已经决定要领养一只大型猛犬，但是他**还**没有决定到底想要哪个品种的狗。对我而言，一个**很**不具体的欲求或意图之所以不同于一个不那么具体的欲求或意图，就在于后者会以某种方式应用到“手段–采取”这一概念。如果

这个人有一个不那么具体的欲求——想要领养一只大型猛犬，并且最终决定领养一只獒，这一过程所体现的是，以选择一只獒为手段达到领养一只大型猛犬的目的。但这并不是领养一只大型猛犬［这个目的］的**直接体现**（be an *effect*）。但是，如果这个人有一个**很**不具体的欲求——想要领养一只大型猛犬，并且最终决定他领养一只獒（对这个不确定的欲求进一步确定之后的产物），这个过程根本就不涉及“手段–采取”的情况。

（3）还存在另一种非具体性，我只是为了完整性才提到它。一个欲求 D 可能是**含混地**非具体（*vaguely* non-specific），或不明确地非具体（indefinitely non-specific）。一个人可能已经做出决定，他想要领养一只大型猛犬，但是什么**才算作**是一只大型猛犬，这一点并没有给出很好的定义。一只獒当然是，一只哈巴狗肯定不是，可是一只爱尔兰蹲猎犬算不算呢？在这些情况中，欲求或意图需要得到进一步**解释**，而不是需要得到进一步具体化。

考虑前两类非具体性，即很不具体和不那么具体，我做几个评论。

（1）如果我们是明智的，我们通常不会使我们的欲求比具体场合所要求的［欲求］更明确。如果现在还没有养狗的打算，一个人就已经**很精准地**决定了他想要领养什么品种的狗，那他就是在幻想。

（2）决定的最后阶段可以留给采取行动的场合。如果我想买一些漂亮的窗帘，我可以等到在店里看到它们时再做出这类详尽而又具体的决定。

（3）环境可以改变一个欲求的属性。直到一个人和他妻子谈起之前，一个人所具有的是一个**确定地**非具体的欲求“想要领养一只狗”，他的妻子让事情发生了改变（让他的欲望变成了**不确定地**非具体的欲求）。 102

（4）很不具体的欲求当然是基于理由的，或者说，是很好地基于理由的，因此它们不仅仅是一个人**实际**具有的欲求，而且是一个人**应该**具有的欲求。

我们现在可以回到老板和秘书的例子。对我而言，假定一个老板（他）新近聘请了一个没什么经验的秘书（她），则他的行为的"一般规范"是，获得一个或一集**不那么具体**的欲求或意图，把这个（些）意图告诉她，并且任由她去完成这个（些）意图。他假定，无论她将要做什么，无论她将要遇到什么问题，都不会干扰到他的意图（因为在合理的限度内，他并不**关注**她做什么），即使她执行任务可能需要用到相当的技巧和人际手腕。如果这个秘书更资深，那么老板很可能不会给出**不那么具体**的意图，而是会给出**很不具体**的意图，以便让秘书来做出决定，并且他相信她或多或少会像他自己那样去做决定。如果她爬到了这个职位以至于她有权力去确定老板的意图，不是按照她认为**老板**认为的最好方式，而是按照**她自己**认为的最好方式，那么我会说她已经不再是一名秘书，而是一名行政助理了。

在这里，我们可以方便地略述一个区别，它在实践的思考中具有一定的重要性，其中实践的思考不仅是关乎为已经确定的目标找到一个这样或那样的手段，而且也紧密地关乎我们已经描述的这个[关于意图或欲求的]**确定**过程。这个区别就是**非命题式**目的和**命题式**目的（或**客观**目的）之间的区别：非命题式目的可以是力量、财富、下棋技巧、园艺技术等，而命题式目的可以是让院长同意我的计划或我的叔叔应该为挪用家族的财产而进监狱等。在我看来，非命题式目的是**共相**（*universals*），并且这一类型的目的是使用不可数名词或抽象名词来命名的。我愿意把它们的非命题式出现看作是**真实的**；我希望它们不仅可以让我们说成是被追求的东西，而且可以让我们说成是被**关心的**东西；并且我并不准备将“关心的”（care about）还原为“关心着”（care that），尽管这两种关心的类型之间当然存在着紧密的联系。对此，我想做出以下几点说明。 103

（1）非命题式目的可以用于最原始类型的心理学说明。低等生物的行为可以通过它们需要**食物**来得到说明，而不是通过它们需要（比方说）吃一个苹果来得到说明。

（2）非命题式目的有一个显著的特征——它们有程度上的差异，并且可以对这种程度上的差异进行价值上的排序。例如，一个人想要获得财富，通常来说更多的财富会比更少的财富好。

（3）我认为，它们是构成终极目的的目的类型，其中幸福也是这些终极目的之一。[这一主张]并不是没有理由的，因为它们的非命题式特征以及它们的非时间性的特征（通常如此），使得它们适合于一个持久系统的所有成员，而这个持久系统是被设计出来指导特殊情形下的行为的。

（4）适用于它们[非命题式目的]的**确定**过程的确是从它们自身出发的。比如说，对权力的欲求可以更进一步地确定为对政治权力的欲求，并且只要将确定过程继续应用在这些非命题式目的上，客观的目的（如获得首相职位）也将由此获得。

（5）尽管在我看来命题式目的和非命题式目的之间的区别是很清楚的，并且大部分的特殊目的要么可以归入非命题式目的要么可以归入命题式目的，但是还存在许多不确定的例子使得上述区分不能轻易地**应用于**其上。

现在让我们从她（秘书）的视角来看待这件事情。**首先**，尽管她做的许多事情，也许是她做的大部分事情，都是一种发现手段（means-finding）的情形，但是它们并不属于哲学家通常关注的那类发现手段的情形，即它们不属于因果式手段。她帮老板订了一张去密歇根州卡拉马祖的机票，这**使得他能够**飞往卡拉马祖，但这并没有从［因果上］**导致**他飞往卡拉马祖。她通过电话为他预订了Goosepimple 酒店，他的订位并不是［目的之］**直接体现**，而是她通过电话交谈所意图的一个**结果**，并且他在**那座**酒店的订位并不是他在某酒店订位的一个**原因**，而是在那个场景或环境中后者得以实现的一个**方式**。**其次**，如果她在安排住宿的时候发现卡拉马祖有黄热病流行，她不会盲目地推进这件事并把他的位置预订好，除非她希望被解雇。她会征求老板的意见，因为发生了某事并且如果他知道
104 这件事的话，这件事会干扰他不那么具体的意图，确实这**可能**会让老板面对**许多**相互冲突的（或明显冲突的）目的或需求，这是下一步需要考虑的情况。然而，在谈到这个问题之前，我认为我应该指出，当思考者在执行他自己的决定时，在人际交往中出现的这种特征也将是单独思考的特征。

我们假设，我们正处于这样一个阶段：秘书来到老板那里并告知，如果她去执行交给她的任务（即执行他已经做出的决定），就会有这样一个意外的困难，也就是说，执行该决定的代价是（或者她怀疑很可能会付出这样的代价），他想要推进的另一个目标被阻止了，或者说，他想要避免的一些“对立目的”被推进了。

（1）我们可能会评论说，这样的问题不是只在不那么具体的意图形成**之后**才会产生的问题，在实现一个不那么具体的意图或欲求的过程中，也经常会遇到类似的问题，尽管不是一成不变的。这促使我们去跟进亚里士多德的主张，尽管智慧并不等同于聪明，但是没有聪明，智慧也不存在。他的格言包含着两条不同的真理：**第一**，如果一个人很善于决定去做什么，但执行起来却**很糟糕**（他计算火车时刻糟糕得一塌糊涂，与海关官员打交道时也很不老练，甚至还会激怒酒店的员工并导致他们的不合作），那么还能称这个人是“智

慧的”吗？人们在此问题上可能会有些犹豫，至少他还需要再聪明一点。**第二**，更有趣的事情是，聪明将会在思考的各个阶段展现出来。假定一个人的意愿被暂时确定了，每当这个暂时确定的意愿遇到困难的时候，只要这个困难不是太明显，**某种**程度的聪明就表现为能够看见——如果这个人如此这般地行事（就像他准备去做的那样），**那么**就会有一个如此那般的、不想要的结果出现。

（2）现在来看，老板必须决定这个困难到底有“多大”，他的计划要做出多大的改变才能克服这个困难。为了把事情说得更清楚一点，这个老板**可能**（*might*）——在可能的某种意义上——在思考的过程中已经形成了一系列前后相继的很不具体的意图（I_{i}，I_{ii}，I_{iii}，…，I_n），其中每一个意图都是对前一个意图更具体的**确定**，I_n 是他交给 105
秘书的最终决定。现在这个想法是这样的，[当他的不那么具体的意图遇到困难时] 他就返回到这个序列中去寻找那个**最**一般的成员（或**最不**具体的成员），以至于如果他持有**那个**意图，那么他就要承担不想要的后果。然后他就知道哪里需要修改了。当然，在实践中，他不一定**非得**构造出这么便捷的一个序列，如果他没有这样做，那么他也可以在收到秘书的坏消息之后部分地构造出一个序列出来，换言之，构造出一个填充得较为充分的序列以至于他有充分的把握指出该序列中的一个特别元素就是那个最一般的意图（在所有他持有的意图中），并且正是那个意图产生了不想要的后果。

现在他已经决定了哪一个欲求或意图将要被撤销，那么他又如何决定用什么东西置换那个被撤销的意图呢？事实上，又如何把他的生存目的和这个新的需求带来的目的“复合”起来呢？需要说明的是，新的需求之所以会带来新的目的，或者说避免对立的目的，是因为意外的困难将新的需求暴露出来了，进而新的目的也由此产生。现在我必须承认，关于这一类问题，我曾经设想过一幅图景。

为了简便起见，让我们在最一开始只标记两个目的 E^1 和 E^2，它们分别具有“客观的可欲求性[vii]”程度 d_1 和 d_2。对任意一个可以实现 E^1 或 E^2 的行动 a_1 而言，存在一个确定的概率 p_1 使得 a_1 将实现 E^1，存在一个确定的概率 p_2 使得 a_1 将实现 E^2，并且存在一个确定的概率 p_{12}（它是 p_1 和 p_2 的一个函项）使得 a_1 将同时实现这两个目的。如果 E^1 和 E^2 是不一致的（再次地，为了简便起见，让我们假设它们就是不一致的），那么概率 p_{12} 就为 0。原则上，相应于目的 E^1（或 E^2），我们现在将行动 a_1 的可欲求度刻画为，行动 a_1 所对应的目的（不妨说是 E^1）的可欲求度（不妨说是 d_1）和行动 a_1 实现 E^1 的概率（不妨说是 p_1）二者所构成的一个函数，并且我们也可以将行动 a_1 相应于一个复合目的（在这里只有“E^1 且 E^2”）的可欲求度刻画为，该复合目的（即“E^1 且 E^2”）的可欲求度和行动 a_1 实现该复合目的的概率（不妨说是 p_{12}）二者所构成的一个函数。如果我们设想出一系列的可能行动，里面不仅包括 a_1 还包括其他的一些行动，则我们可以想象到每一个这样的行动相应于每一个目的（E^1、E^2 或它们的组合）都会有一个确定的可欲求度。如果我们假定，对每一个可能的行动而言，它们的可欲求度是能够复合起来的（也许就是相加起来），那么我们就能够假定一个特定的可能行动会比另一个替代它的可能行动得分更高，其中得分指的是相应于这些目的而言该行动的可欲求度，并且正是基于这一点这个行动就胜出了。换言之，它**就**
106 **是**被执行的行动，或者说，它至少是**应该**被执行的行动。一旦考虑到这样一个事实，即所涉及的目的往往不是**限定的**（或**确定的**）事态——例如成为总统，这个计算事实上会比我刚才描述的情况更加复杂，毕竟就这些目的实现程度而言，它们是**变化的**（如果一个人的目的是通过做一笔买卖来获得利润，那么所获得的利润很可能是一个变化的量）。因此一个人不仅必须考虑通过一个特殊的行动来实现获利［目的］的可能性有多大，他还必须考虑这个行动把该目的实现到**这种程度**或**那种程度**的可能性（比如说赚 50 万和赚 100 万分别有多大可能性——译者注），这会让计算问题变得相当复杂。

毫无疑问，大多数读者都非常明智，不会欣赏任何与我刚才描述的“疯狂贝叶斯”相似的图景，哪怕只是一点点相似都不会有人欣赏。当然，我也没有那么愚蠢，不是说非得要假设这样一幅图景并用它来描述每一个人**实际上**是怎样决定他要做什么的，它可能只是在**映射**或**反思**支撑心理状态（欲望和信念）的生理基础上实际发生的一个过程，可以这么说，这个过程就是“动物本能”。我更加会认为，这幅图景可能是在表达一个**理想程序**，是一个在现实中肯定**不能实现**的程序，并且它很可能在现实中是**原则上不能实现的**，但还是可以把我们事实上所使用的程序视为它的一个**近似物**，并且这些事实上使用的程序是作为它的**替代品**而出现的。除此之外，这些事实上使用的程序**越是近似于**这个理想程序，就越好。在我看来，想到这些图景的灵感似乎来源于一个很有说服力的设想，即可以为灵魂的运作提供一个机械式的模型。欲求就像是我们必须服从的**力量**，它们复合起来对我们施加影响，就像力的矢量那样进行复合。是否可以把这个模型看作是一个**好的**模型，对此我完全没有把握，这个模型到底有多大的吸引力取决于以下事实：首先需要**某个**模型，并且如果不选择这个模型的话，我们不清楚还有什么其他的模型可供选择。

假如不准备使用我已经描述的这个图景及其他的任意变体，针对相互冲突或相互竞争的目的，我们如何给出一个一般性的处理方案呢？对我而言似乎是这样的，举例来说，那个会计师（他的妻子在博伊西住院），起初想要安排好一切事情，以实现所有相关的目的。他可能会考虑给红杉城打电话，看看他的公司是否可以推迟一 107

周盘点。如果这是无用的，那么他会按照某种**优先次序**来行事。照顾他受伤的妻子显然比关心公司的盘点和探望他的母亲更重要。但是，一旦安排好了他妻子所需要的一切，那么他就会尽其所能地做出调整，以达成他在耽搁的时间内没能实现的目的。一般来说，他**不会**妥协，即便是他之前的决定［还不知道他妻子受伤之前的决定——译者注］会涉及对公司的宣称和对他母亲的宣称二者间的冲突，基本上他采用了一个计划使得他既可以满足公司的要求，还可以和他母亲一起过周末以此满足他对母亲的承诺，但他还是赋予了公司事务以优先性。在我看来，这种优先次序体系的重要特征包括以下几点。

（1）它们可能是非常复杂的系统，并且在某一主优先级别上还会有优先级的子系统。对我来说，也许是这样的，家庭上的考虑会优先于事业上的考虑。同时，在家庭的考虑上，我孩子的事情会优先于和我们在一起生活多年的杰迈玛阿姨的事情。

（2）一个稳定且长期的优先次序制度与它在**特定场合**中的应用，这两者是有区别的，甚至也可以认为这两者之间有分歧。即便我与孩子之间的关系**一般来说**优先于我与杰迈玛阿姨之间的关系，但是在一个特定的**场合**中，我可能会倾向于和杰迈玛阿姨待在一起，让她不再发脾气，而不是优先选择和儿子一起去动物园看河马。

在我看来，实践思维的另一个重要特征对于简化与该思维有关的问题的处理，起着很重要的作用，我称它具有“修正式”特征（在该术语的非实践意义上）。我们的欲求以及对欲求的归与可能是**相关的**，并且不止以一种方式相关。它们可以是“欲求-相关的”，因为我欲求 A 或者我认为 A 是可欲求的，这可能依赖于我欲求 B 或者我认为 B 是可欲求的。这就是我们说出于 B 的缘故而欲求 A（出于 B 的缘故 A 具有可欲求性）的最一般情形。但是欲求和可欲求性

也可能是以另一种不那么平淡的方式而相关着，（最初）人们认为这 108
是“事实-相关性”。它们可能是与实际情境或假定的当前局势相关。并且，某事物只有相对于当前局势才被认为是可欲求的或被认为具有可欲求性，一般情况下该事物不被认为是可欲求的。一个被判处绞首-剖腹-肢解刑的人，当他听到判决改为砍头时，可能会松一口气，甚至还有点高兴；一个拥有数亿财富的人，如果在一笔交易中损失了100万左右，他可能会相当沮丧。确实，有时人们会怀疑一个人越富裕，就越在意财富的减少。讲个小故事，毫无疑问它是小道流传出来的，保罗·盖蒂（石油大亨，曾经的世界首富——译者注）在家中安装了付费电话供客人使用。“事实-相关性”这一现象至少在某种程度上涉及道德的可欲求性。我认为，它可以被用来给出一种自然的方式来处理善良撒玛利亚人悖论（the Good Samaritan Paradox）[viii]。如果回想“浪子回头”（the Prodigal Son）的寓言[ix]，人们也许会想到，这个长久以来没有任何过错的儿子之所以被激怒，是因为他那误入歧途的兄弟稍微展示一点事实-相关的欲求就值得大肆宴请，为什么他兄弟应该得到**那样的**庆祝呢？

我们的实践思维，或大部分的实践思维，在性质上应该是修正式的或渐进式的，这一看法很契合上述反思。经常发生的情况是，我们在现实的情境中（或预期的当前局势中）发现了一些可以做出改进的东西，或是发现了一些可以消除缺陷的东西。一般而言，我们不会着手去构建一个小型的乌托邦。值得注意的是，厌恶在这种渐进式的思虑中起着特别重要的作用，也许恰好是（在某种程度上）厌恶对象的移除应该优先于欲求对象的安置。如果我没有一些特别想要的东西，那么欲求之物就不会经常出现在我的想象之中，并时时刻刻提醒我缺少它，除非这里的欲求之物指的是一种非常极端的东西；但是如果我有一些特别不想要的或特别厌恶的东西，厌恶之物会在现实中时常出现，并且很难逃避。在我看来，这种修正式的思考方式可以从最崇高的问题（如何规划我的生活以便改进现有的生活模式）延展到最小的问题（如何布置家具）。并且在下一步中，它也可以延展到我期待的思想中会有的那种改进。据说，一位国际
109 象棋大师一眼就能看出他下一步该走什么棋，他的全部心思都是在寻找一个**更好的**下法。

如果一个人更仔细地看待这件事情，他就会发现“事实–相关的”欲求才真正相关于现实事态的历时性延展，其中“现实事态”指的是当前局势下的现实事态，而“相关于现实事态的历时性延展”指的是“事实–相关的”欲求会对现实事态的发展有所预期、有所期待或恐惧。当前局势下的现实事态并不等同于现实事态的历时性延展，但是除非采取措施，否则它将成为现实事态的历时性延展。[x] 并且更仔细地看待这件事情还会发现，这类欲求或可欲求性在本质上是可比较的，我们尝试去达成的结果要好于促使我们去做出这种尝试的预期状态。这就提出了一个更大也更难的问题，就欲求（或可欲求性）在本质上是可比较的而言，这一立场到底能走多远？这恰好是因为到目前为止专家还没有给我们一个不可比较的可欲求性概念，还是说因为在欲求的本质中存在某种东西使得我们有很好的理由不去持有（或不应该持有）一个不可比较的欲求概念，又或者说因为在我们想要使用欲求概念时存在某种东西使得我们不应该持有一个不可比较的欲求概念？更或者是，也许确实有一个不可比较的欲求概念，但是它只在极其有限的领域中运用？当然，我们没必要用一种狭隘增量的方式来思考［这个问题］，就好像有些人所做的那样——计算我们的幸福以宽慰我们自身，或者计算我们的痛苦（作为幸福的反面）以磨难我们自身。举例来说，指出被斩首就没那么痛苦，或者指出如果你在做错生意后还能剩 2 亿美元，你就不算做

得很糟糕。那么这样的安慰者到底是遗弃了可比较的欲求这一概念，还是只在术语上偷换了可比较性？我们在道德领域中有没有发现不可比较的欲求（或可欲求性），或者在其他领域中有类似的发现吗？如果我们说一个男人是诚实的，很可能的意思是他至少比平均水平（或普通人）要诚实，但是我们并不会期待说，有一个人想要或试图成为诚实的——我说的意思是，不会有一个人想要或试图成为**平均水平的**诚实。我们也不能期待他渴望达到**最高的**或**完全的**诚实（这很可能只是一种轻浮的自负）。也许我们确实期待他尽力做到他能做到的诚实，这可能意味着我们并不期待他渴望达成一种诚实的终生记录（不管是什么类型的），但是我们确实期待他在**每一个场合**（或有限的一些场合）中尽力做到无可挑剔的诚实，即使我们知道（并且他也知道）在**某些**场合、某些时候可能会（也允许有）失误。如果像这些解释是正确的话，它（诚实）可能就符合共相（即非命题式目的）的一
个普遍特征，一个人不可能拥有很多这样的共相，并且这种特定的道 110
德共相（如诚实）是它的一个样本，也许这些共相中的可欲求性不是可比较的。但这些都是未经证实的猜测。

简要地总结一下这个漫无边际的讨论，我希望它在某种程度上是诊断性的，而且它肯定是很不系统的。在对实践的可接受性而不是技术的可接受性的初步探究中，我给出如下建议：

（1）实践式思考（实践思维）并不仅仅是目的–手段式思考，它还包括确定或打磨前件中不那么确定的欲求或意图。

（2）目的–手段式思考会涉及这样一个确定过程。

（3）特定种类的计算性模型也许并不适配。

（4）优先次序的系统，不论是一般性的系统还是为特殊场合量身定做的系统，都是核心的。

（5）尽管不一定是全部的实践思维，大部分的实践思维都是修

正式的，并且具有可比较性这一特征。

现在让我们简要地考察一下问题（A）和（B），我之前先把它们放在一边。这两个问题是：

（A）幸福的本质是什么？

（B）在什么意义上说，我应该欲求（或目标朝向）我自身的幸福？为什么？

我统一来回答它们。

首先，通过进一步的考察，对我来说问题（B）似乎可以分解成进一步的三个问题。

（1）在其他条件相同的情况下，一个人**应该**要自愿地延续他的存在，而不是结束这一存在，这一假设能够得到辩护吗？

（2）（给定第一个问题的回答是“是的”。）一个人**应该**欲求或追求幸福，这一主张能够得到辩护吗？

（3）（给定第二个问题的回答是“是的”。）如果一些特殊的目的集构成了幸福（**我所谓的**幸福）并且它们不同于所有其他的目的集，那么是否存在为它们进行辩护的途径呢？换言之，是否存在评价上有利于它们的途径呢？

第二个和第三个问题，尤其是第三个问题，紧密关联于（或者
111 说，很可能依赖于）对幸福的**解释**，而对幸福的解释只能通过回答问题（A）才能获得解决。的确如此，对幸福的解释将给出问题（3）的全部（或部分）答案，因为“幸福”最终被证明是一个价值-范式语词（参见第 xxxi 页，第 35 页，第 87、88 页——译者注），它的意义规定追求幸福是诸多目的之复合，并且这个复合是有价值的仅仅是相对于一些特殊的目标或观点而言的。

关于问题（1）和（2），我并不准备说些什么，我猜测这两个问题中的某一个（或全部两个问题）需要我们仔细地处理最终因这一

观念，到目前为止我尚未提到过它。我将在下一章讨论问题（3）和问题（A）。

i 中括号“[...]”是译者加的，原文中没有。加注中括号主要是为了方便读者断句，如果读者很清楚应该在什么地方断句，这些中括号都可以取消，这不会影响到意思的表达。下同。

ii 在格赖斯的原文中，他没有用到“⊢”这个符号，而是用到“这是如此的”（it is the case that），沃纳在导论中引用这一段文字时，直接将这一表达替换为“⊢”，我遵从了沃纳的选择，参见原文第 xxvi 页。

iii 和前一个注释一样，我们都对格赖斯的原文做了一定的改变，这是沃纳的做法。原文是这样的：（5）x should judge that (for any A, B) if it is satisfactory that if A, A only because B, then it is satisfactory that, if let it be that A, then let it be that B.

iv 格赖斯在这里提出“可满足性以一种特殊的方式加以传达”，此处的特殊方式就是他在之前提到的“可接受性的态度的可满足性，是将它自身解决在这些态度的内容的可满足性上”。举个例子，“我判断 A”是可满足的，当且仅当，我**真的**有 A 这个判断。换言之，我真的有 A 这个判断，即我判断的内容是可满足的，当且仅当，“我判断 A”是可满足的。正是在这一意义上，格赖斯认为从（5）可以推导出（6），这是因为：x 判断出 [⊢如果 A，那么 A 只可能是 B 的结果] 是可满足的，当且仅当，x 真的有 [⊢如果 A，那么 A 只可能是 B 的结果] 这个判断，即 x 判断出 [⊢如果 A，那么 A 只可能是 B 的结果]。沃纳在前言中，对格赖斯的做法进行了质疑，沃纳认为：即便格赖斯可以对（5）中条件句的前件进行类似的处理，但格赖斯对条件句的后件的处理是有问题的。x 判断出 [！A] 是可满足的，当且仅当，x 判断出 [！A] 是善的。但是，x 判断出 [！A] 是善的，这并不意味着 x 判断出 [！A]。所以沃纳在原文第 xxvii 页指出：“在他 [格赖斯] 的术语中，‘！A’是在表达一个意图（‘我将要做 A’），我当然可以不意图去做 A，即使意图去做它是善的。的确，我可以因为意志薄弱而不意图去做 A，即使我相信如果我有这个意图将是善的。”是的，沃纳指出了判断和意愿二者间的区别，“！A 是可满足的，当且仅当，！A 是善的”，其中“是善的”不是冗余的，因为“！A”不同于“！A 是善的”。但是“⊢A 是可满足的，当且仅当，⊢A 是真的”，其中“是真的”是冗余的，因为“⊢A”与“⊢A 是真的”完全无差别（从真谓词的冗余论观点来看）。

v 相比于正文中（4）的表述，格赖斯在此处对（4）的表述有两个不同。第一，他将条件句前件中的“⊢”对其后的“如果……那么……”进行了分配，这说明格赖斯并不反对“判断”对条件句的分配。第二，在正文中，条件句后件中的“是可满足的”分别限定的是“！A”和“！B”，而在此处的条件句后件中“是可满足的”只出现一次，并且限定的是“如果！A，那么！B”。这说明格赖斯不反对“可满足性”对条件句的分配。

vi 如同之前的建议，由于限定修饰语太多，我们用“-”联结成一个形式上更整洁的抽象概念，格赖斯自己也经常采取这种做法。例如“单称-实践-可接受性-条件句”表示的是：这个条件句中涉及的主体是单称的（区别于带有变元的概括式条件句）；这个条件句是一个关于可接受性的条件句，即它应该是用“这是……可接受的”这样的短语开头；这个条件句中的可接受性是关于实践的可接受性，以区别于真值性的可接受性；如此等等。

vii 原文用到的是 objective desirability。欲求（desire）既可以作为名词，表示一种心灵状态，比如之前谈到的不那么具体的欲求（或意图）或很不具体的欲求等；欲求也可以作为动词，表示对一个主体和一个对象（或事物）之间的某种关系以及对该关系的断定，例如我欲求一双跑鞋，此时类似于“想要”的意思。当“想要”关系成立时，相对于特定主体某事物就是可欲求的（desirable）或者说它具有可欲求性（desirability）。对于客观的可欲求性，或者说客观的可欲求度，我认为作者要表达的是，一个目的被欲求到哪种程度，并且这个程度是客观可量度的或者至少是主体间可量度的（比如说有一个公共量表）。但作者在这里并没有就这个概念延伸，所以我不做过多的揣测。不过，后面作者会大量使用 desire（名词或动词）、desirable 和 desirability，我分别翻译为“欲求”、“可欲求的”和“可欲求性”，请读者根据语境区分。

viii 在斯坦福哲学百科词条“道义逻辑”条目中，有关于善良撒玛利亚人悖论的解释。请考虑（1）这是应当如此的，琼斯帮助被抢劫的史密斯和（2）这是应当如此的，史密斯被抢劫了。琼斯帮助被抢劫的史密斯，当且仅当，琼斯帮助史密斯（h）并且史密斯被抢劫了（r）。但是，将（1）和（2）在标准道义逻辑（SDL）符号化以后的结果是，（1′）OB（$h\&r$）和（2′）OB（r）。（“OB”是一个义务算子，表示“应当如此，或有义务如此”。）然而，“（$h\&r$）$\rightarrow r$”是命题逻辑中的定理，根据 SDL 就会有“OB（$h\&r$）$\rightarrow OB$（r）”，于是从（1′）据分离规则就得到了（2′）。但是，以下观点在直觉上说不通——如果帮助被抢劫的人是义务，那么他被抢劫了也是义务。作者认为道德义务具有事实相关性将给该悖论提供一个自然的解决方案，即义务是相关于史密斯被抢劫了并且对他进行帮助这一复合事实的，而不是相关于史密斯被抢了这个单一事实。参见 McNamara, Paul, “Deontic Logic”, *The Stanford Encyclopedia of Philosophy* (Summer 2019 Edition), Edward N. Zalta (ed.), URL = <https://plato.stanford.edu/archives/sum2019/entries/logic-deontic/>。

ix《圣经》中的一个故事，大意是这样的。父亲（喻为上帝）有两个儿子，大儿子皈依父亲一心从善，小儿子受了蛊惑拿着家产挥霍一空。历经磨难，小儿子终于想起了他父亲的好，回家了。父亲很高兴，大肆宴请，这引起了大儿子的嫉妒和不满：他不明白为什么自己一直遵从父亲的教诲却得不到如此恢宏的庆祝，可小儿子稍微流露出一点向善的欲求或意图就让父亲心花怒放。

x 作者在这里用到了两个概念：“当前局势下的现实事态”（the actual state of affairs which prevails）和“它的历时性延展”（temporal extension of it）。译者认为，前者指的是主体的欲求或意图还没有参与进去时事态的本来面目，或者说（其他条件不变时）事态预期是如此这般的，后者指的是主体的欲求或意图起到作用后事态在时间链条上的改变。因此，作者才会说，除非采取措施，否则当前局势下的现实事态就会成为现实并延展下去。但是，“事实–相关的”欲求可以改变这一点，所以它能对事态的历时性延展有所预期、有所期待或有所恐惧，进而它才是与事态的历时性发展真正相关的。

第五章　对目的和幸福的一些反思 112

I

我所选择的这个主题非常值得我们对它进行彻底、系统和充分的理论研究。我怀疑，这样一种研究进路不仅包括对“想要”（want）一词所指称的、通常有着微妙差别的那些状态的仔细分析，还包括对不同种类的想要在理性生物（以及非理性生物）的心理机制中所发挥作用的全面考察。虽然我希望讨论这类问题，但我觉得自己不太有资格进行这类分析，因为无论如何它都是一件很棘手的事情。因此，为了给我的讨论确定好方向，也为了把它限定在可容许的范围内，我将把它与亚里士多德在《尼各马可伦理学》中对这一主题的处理及其所产生的一些问题联系起来。在我的部分，这样的一个操作程序可能会带来一些额外的好处，那就是它加强了这样一个观念——我认为像《尼各马可伦理学》这样史上伟大的作品的归宿不应该是博物馆，而是哲学市场。

我最初有两个亚里士多德式的问题，它们关乎两个条件——不论什么东西被认为是人的善，亚里士多德始终认为这两个条件必须满足。在《尼各马可伦理学》I.4 的开篇处，亚里士多德指出，存在大家普遍赞同的一个主张，即人的善可以等同于**幸福的增益**（*eudaemonia*）——这一概念或许可以被较好地诠释为幸福，或许不可以[i]，并且幸福的增益又反过来等同于生活得好或做得好。然而，需要指出的是，如果要对**幸福的增益**这一概念展开进一步的刻画，或者要揭示出它的更多信息内容，这会导致大量的分歧。在 I.7 小
113 节中亚里士多德确认了一点，即可以把人的善和幸福的增益等同起来。为了做到这一点，亚里士多德详细地描述了**幸福的增益**要满足的两个特征——最高善（或非定性的目的）以及自足[ii]，同时这两个特征也是那些有资格作为人的善的每一个事物都要求的。“最高善”被定义如下：“我们说，那些因自身而值得欲求的东西比那些因他物而值得欲求的东西更完善；那些从不因他物而值得欲求的东西比那些既因自身又因他物而值得欲求的东西更完善。所以，我们把始终因自身而从不因他物而被欲求的东西称为最完善的［目的］（非定性的目的）。”在直觉上，**幸福的增益**似乎满足这个条件，像荣誉、快乐、理性和美德——它们都是可等同于[iii]人的善或可等同于**幸福**的热门候选项——这些东西都是因它们自身而被确切地选择，即便不带来任何结果它们也是值得选择的，但是它们也是为着**增益幸福**的缘故而被选择的，因为“我们正是凭借着它们才判断出我们是幸福的”。然而，**幸福的增益**决不会因他物之故而被选择，它只可能因自身而被选择。

在一些初步的准备工作之后，“自足”的相关意涵被定义为：“我们现在将自足定义为一事物自身就使得生活值得欲求且无所缺乏。”再次地，**幸福的增益**表面上也满足这个条件，并且亚里士多德加上了一个很可能是非常重要的评论：**幸福的增益**被认为是“所有善事物中最值得欲求的，且不可与其他善事物并列的东西”。从这个评论可以看出，在亚里士多德看来，这个评论**为真**不仅是因为不能通过

添加其他的善来提升**幸福的增益**，而且是因为**幸福的增益**是善的一个特殊**种类**，是一个不适合与其他善并列的善。

《尼各马可伦理学》中的这段话使得我的脑海中产生了几个疑问。

（1）我猜测，很多评论者很自然地就做出假定说，亚里士多德认为**幸福的增益**是**唯一**满足最高善这一条件的东西。然而，这个关于唯一性的断言并没有在文本中明确地提出来（据我回忆，其他地方也没有提出来）。我也不清楚，假若确有这个断言，它是否就是正确的。比如说，在阳光下慵懒地晒着太阳是值得欲求的，并且它是 114
因其自身而值得欲求的，并且它从来不是因他物而值得欲求的某种东西，甚至不是因幸福的增益而值得欲求的某种东西，真的有可能这样吗？如果最终证明应该有这样一种区分——在因自身而值得欲求的各种东西（I-可欲求）形成的集合中，有必要区分出因**幸福的增益**而值得欲求的东西（H-可欲求）和那些并不是H-可欲求的但还是I-可欲求的东西，如果是这样的话，那么进一步的问题就会产生——是否存在某个一般特征将那些（直接）是**H-可欲求的**东西划分出来？如果有的话，那个一般特征又是什么？这个问题稍后会再次出现。

（2）亚里士多德主张说，荣誉、理性、快乐以及美德，这些既是I-可欲求的又是H-可欲求的。但是，在《尼各马可伦理学》的这个篇章中，这些都是未被排除的、与**幸福的增益**可等同的后备选项。事实上，亚里士多德自己后来，至少以某种方式，将这些候选项中的某个特殊版本（形而上学的沉思）与**幸福的增益**等同起来。假设有一点被很好地建立起来了，即这些后备选项中的某一个（不妨说荣誉）是特别成功的。那么亚里士多德不是得要承认说，荣誉既是因自身而值得欲求的也是因荣誉之外的某种东西（即**幸福的增益**）

而值得欲求的吗？对荣誉而言是这样的吗？此外，也不清楚的是，这种初始的不一致是否可以诉诸“——是值得欲求的”这一非外延的语境而消除。这是因为，当论证模式“α 因 β 而值得欲求，而 β 又等同于 γ；**因此** α 因 γ 而值得欲求”是无效的时候，绝不清楚的是论证模式“α 因 β 而值得欲求，而**必然地** β 又等同于 γ；**因此** α 因 γ 而值得欲求”是否也是无效的。并且，假若**幸福的增益**等同于荣誉这一点是真的（虚拟条件句），则这一点将被假定是非偶然的真。

（3）假设如下命题：（*a*）打高尔夫球和打网球二者都是 I–可欲求的，（*b*）任意一者都有益于身体健康，且身体健康自身也是 I–可欲求的，（*c*）每天打一轮高尔夫球和几个小时的网球，任意一者都足够保持最佳的身体健康，并且（如果你愿意的话，就这么简单处理），（*d*）除此之外，再无第三种保持身体健康的方式。现在，X 和 Y 都接受这些假设，X 每天打高尔夫球，Y 每天既打高尔夫球又打网球。以下两个主张似乎是很难拒绝的：**第一**，这是完全可以理解的，这些绅士所从事的所有体育运动既是因运动自身的缘故也是因
115 身体健康的缘故；**第二**，（**权衡地**[iv]）Y 的生活比 X 的生活更值得欲求，因为 Y 多了打网球这样一个价值，而 X 则没有。在 Y 的生活中身体健康是被多重决定的（或过决定的）这一事实似乎也不能作为一个根据去否定他可以为着身体健康的缘故同时去追求高尔夫和网球这两种运动。如果我们希望否定这一点，这可能会让我们在特定情境中面临一个无法回答的问题：“如果他不为着身体健康而去追求每一种运动，那么**哪一种运动**才确实是他为着身体健康而追求的呢？”

现在让我们来考虑我刚才所举的这个例子如何紧密地类比到增益幸福上，只要我们把刚才提到身体健康的地方都替换成**幸福的增益**就好了。我们可能会认为 X 和 Y 有很多共同点，他们都有杰出的

学术生涯、令人满意的家庭环境、身体健康并且生活富裕；他们都出于这些要素自身的缘故做出了评价且做出了正确的评价（即因这些要素自身而欲求它们并且也正确地欲求了它们——译者注），同时也认为这些要素增益了他们的**幸福**。这两个人都认为自己是一个完全快乐的人。但是 Y 不像 X 那样，他还作诗，这是他非常在意的一项活动，并且他也认为作诗是能够增益他的**幸福**的某种东西。当 Y 正在投入地作诗时 X 就在屋子里闲逛，什么也不做。我们现在提出这个问题：是否 Y 的生活比 X 的生活更值得欲求，根据 Y 的生活包括一个 I-可欲求的作诗而 X 的生活中并没有包括这一点，并且不存在一个对抗这种权衡的要素出现在 X 的生活且没有出现在 Y 的生活中。

一个可设想的答案是这样的，Y 的生活确实比 X 的生活更值得欲求，因为它包含一个附加的价值，但是这个事实却不一致于使这两人在**幸福的增益**方面是**相等的**，按照之前的假设他们都认为自己是完全快乐的。如果我们可以给出这个答案，实际上我们就拒绝了亚里士多德的一个主张，即在某种恰当的意义上**幸福的增益**是自足的。然而，对我来说似乎有好的理由不要给出这样的答案。评论者对幸福的增益一词的精确解释存在分歧，但据我所知，还没有一个人提出我所认为的最合理的猜想，即“幸福的增益”最好被理解成某种状态或条件的名字，这种状态或条件就是有一个善的**守护神**确保了某人的善（如果他可以做到的话），对我而言，我的善的**守护神**仅仅由我对自身幸福或快乐的关注而驱动。改变一下说法，“幸福的 116
增益”就是一个一般性的描述——有一个无时无刻、无拘无束的圣母为你保证了一切。亚里士多德将**幸福的增益**等同于做得好和生活得好，这一主张是正确的（可能有点单调乏味），现在看来像是必然真理。如果这个对“幸福的增益”的解释是正确的（正如我明目张胆假定的那样)，那么说 Y 的生活要比 X 的生活更值得欲求，尽管 X 和 Y 在**幸福的增益**上是完全相等的，这就是不太可能的，因为这相当于说 Y 的生活要好于 X 的生活，尽管二者都是同等充裕的(well-off)。

依然存在各种其他的可能答案。有人可能会认为不仅 Y 的生活要比 X 的生活更值得欲求，而且 Y 也比 X 更**幸福**(或更善)。这一主张保留了**幸福的增益**和充裕这两个概念间的拟定联结，并且基于一种貌似有理的原则——生活中某种价值的增加将会提升那个生活的价值(也许，不用管这个生活者是怎么想的)。有人可能会对这个原则加以更全面的阐述，他们会说或会暗示，对于实现在一个特殊生活中的 H-可欲求的要素而言，只要这些要素的复合价值有任何增加，它们都会反映成该生活的幸福程度或福祉的增加(以一个固定的比率)；或者更小心一点，幸福的增加不是通过一个固定的比率而确定下来的，而是以某种类似于边际效用递减的方式确定下来的。我倾向于认为本章的论证会悄然地侵蚀这一主张，即一个特定主体的幸福程度是一个函数的值，其主目(或自变元)是实现在该主体生活中的那些特殊的 H-可欲求的要素的量度，不论被设想出来的函数具体是怎样的，在目前看来已经足以质疑这一主张的可接受性，哪怕只是针对它的最原始版本也是如此。回到 X 和 Y 的例子：在我看来，当我们谈到 X 的生活或 Y 的生活哪个更值得欲求时，我们所谈论的可欲求性是**从这个人生活的本来面目这一角度来看**他的生活的可欲求性，因此如下的假设就是非常反直觉的：例如说，X 认为他自己是“完全快乐的”，并且他因此认为不会由于作诗这一要素的加入而让自己的人生变得更好或更快乐(尽管会让他更有成就)，但是，假若把作诗加入到他的职业中(虚拟条件句——译者注)，他不应该是对自己的幸福状态做出了错误的评估吗？更进一步，如果追

求幸福是生活**唯一**适当的目的，或者说是生活的**一个**适当目的，那 117
么假设生活中有另一个 H-可欲求的要素（或目的）可以添加进去并加以实现，并且它的实现将自动增加该生活之主人的幸福或福祉，对此我想说上述假设会涉及伦理学立场上的一个承诺，我认为它没什么吸引力。此时，一个人在致力于鼓吹一种过于放肆的**幸福**扩张主义。

关于我们正在考察的这个例子，一个更具吸引力的立场是，去假设我们应该引用一种类似的东西，它不是边际效用递减的，而是所谓的边际效用消失，也就是，去假设 X 和 Y 都具有相同的幸福或相同的福祉（至少可能是这样的），即便 Y 的生活比 X 的生活多包括一个 H-可欲求的要素。这么说吧，在一个特定的点上，幸福的水桶已被填满了，没有另一个已实现的 H-可欲求会对幸福感有任何影响。这一立场类似于我先前在身体健康的多重决定上所采取的立场。即使这种立场是正确的，也必须认识到，一些真正有趣的工作仍然有待完成。这里面就包括怎样刻画出一个条件并确定某个 H-可欲求的特殊集合及其实现足以装满幸福的水桶。

因此，这个讨论的主要结果是提出了两个需要继续探索的问题：**第一**，如何区分那些仅仅是 I-可欲求的要素和那些既是 I-可欲求的又是 H-可欲求的要素；**第二**，一种生活所展示的幸福程度可能是根据实现在该生活中的 H-可欲求的要素多重决定的（每一种生活中都会有多个 H-可欲求的要素），除此之外，还需要详细描述控制这种多重决定性的条件。

（4）让我们转向另一个不同的方向。我已经提到过，关于幸福的可欲求-状态以及实现它的手段，亚里士多德赞同两个命题，对此我没什么异议，或者说我也不打算**提**什么异议。

（A）有一些事物，它们既是 I-可欲求的又是 H-可欲求的（它们既是自身的目的，也是实现幸福的手段）。

（B）幸福就其自身而言就是值得欲求的，它不是因其他任何目的而值得欲求的。

118 我已经提出了一种可能性：有一个进一步的论点，它可能是正确的（尽管我没有断言它是正确的），那就是：

（C）有一些事物是I–可欲求的并且它们不必是H–可欲求的。（可能人们还能再加上一句：它们也不是因其他任何目的而值得欲求的。在这种情况下，幸福不是**唯一**不因其他任何目的而值得欲求的东西。）

但是，还有两个我尚未提及的命题，我倾向于认为它们不仅是正确的，而且是重要的。第一个是：

（D）任何一个**直接的**H–可欲求的要素一定也是I–可欲求的。

第二个是：

（E）实现那些是I–可欲求的要素（或目的），这是获得幸福的唯一途径，当然这里面也包括实现那些是H–可欲求的目的。

命题（D）将允许一个要素不是I–可欲求的但它是**间接的**H–可欲求的，在早上做俯卧撑可能就是这样的要素，但是仅当它是因打好板球的缘故而值得欲求时才能这么说，至于说打好板球，它自身显然既是I–可欲求的又是H–可欲求的。有一个命题和（D）很是相关，我称之为（D′）：一个要素可以直接有益于某个体x的幸福，仅当它被x认为是I–可欲求的。命题（D′）对我而言**很可能**是真的，是否不仅（D′）是真的而且（D）也是真的，这个问题的回答有赖于以下说法是否恰当——即便一个人弄错了哪些是I–可欲求的要素（如果这是可能的话），我们是否还可以恰当地说，他通过实现这些他认为的I–可欲求的目的获得了幸福。举个极端的例子，有一个邪恶的人，他变态地认为用一种巧妙的方式欺骗他人是I–可欲求的，并且他也非常乐于这样做，那么这能被恰当地说成是（**权衡地**）获得了幸福吗？我认为亚里士多德将给出否定性的回答，我**更倾向于**与他站在一起，但是我认识到这里会有很多争论。如果命题（D）是真的，它所导致的一个结果是不可能有幸福药丸（一个药丸，吃下去之后直接就能导致幸福），可能存在（也许事实上存在）一个药丸能直接导致“感觉良好”或欣快感，但是这些状态必须与幸福区分开。

命题（E）暗示幸福在本质上是一种**依赖性**状态，幸福不可能恰好发生，它的实现取决于实现它的一个或多个要素，是这些要素的实现导致了幸福的实现。应该用副词式的方式来设想幸福。对于某 119
些 x 来说，说是幸福的就是说 x 幸福着或 x 带着幸福。（由于幸福是一个追求幸福的过程，即不断地追求一些目的从而达到自身的幸福，因此幸福是特定人的行动特征，在此意义上幸福是一个副词。——译者注）如果能够反思到这一点，即 happiness 的观念和 well-being 的观念是可互换的或基本上可互换的，这会让我们认识到我们所说的副词式指的是**评价的**副词。（well 是副词，being 是存在，well 用作副词来评价 being。存在得很好就是生活得很幸福。——译者注）

就当前目的而言，我认为命题（D）和（E）的重要性在于，它们可以帮助我们避免一系列的问题。据我看来，下面的主张会产生一系列的问题：有一个主张说，因幸福而选择的（而值得欲求的）要素（目的）可以被设想为因作为幸福的**手段**而选择的（而值得欲求的）要素（目的），至少当对手段-目的关系的理解就像当代哲学中通常所给出的那样时，事情就会如此。换言之，如果 x 是 y 的一个手段（x is a means to y），恰好当作 x 或制造出 x 是为了故意地引起（导致，产生出一个效果）y 的出现。[这个主张是错的] 因为，如果某些要素的实现将导致幸福的实现，并且假若这些要素可以是上述幸福的**手段**（虚拟条件句），那么：（*a*）这至少应该在概念上是可能的，即幸福的产生不是这些要素出现的一个结果；（*b*）要把具有内在的欲求（见上文中“故意地”）这样一个如此不科学的条件，作为一个要素（目的）导致幸福的一个必要条件，似乎太困难了[v]。换言之，命题（D）和（E）似乎排除了这一主张，即那些可以直接导致幸福的东西可以［只］是幸福的一个**手段**（在当代哲学所推崇的意义上）。

我刚才提出的议题密切相关于当前正在亚里士多德评论家中发生分歧的一个学术议题。分歧发生在一个问题上，即亚里士多德把**幸福的增益**视为“**支配性**”目的还是“**包含性**”目的。我相信该术语源自哈迪（W. F. R. Hardie）。但我引用的是阿卡利尔（J. L. Ackrill）在最近的一篇论文中对这个问题所给出的定义：“包含性目的很可能意味着，任何一个这样的目的都复合了或包含着两个或两个以上的价值、行动或善……支配性目的很可能意味着**单一**目的，它是一个由只具有单方面价值的行动或善构成的目的。”[1] 对这一描述，一个人的最初反应可能是它在其他方面缺乏很强烈的启发性作
120 用，这或许是因为在对包含性目的的定义中使用到了“包含”这一动词。我怀疑这个缺陷能够得以纠正，只有通过对“包含关系”（或者更确切地说，包含关系构成的家族）的本质加以逻辑和形而上学的研究才有可能，然而这将远远超出我目前的工作范围。但是，为了降低一点野心，不妨让我们初始地且临时性地将一个包含性目的看作是几个目的之**集合**。如果我们是在这一意义上说幸福是包含性目的，我们就可以解释之前章节中给出的幸福的特征（参见原文第111页及本小节的大部分讨论——译者注）。给定构成幸福的目的

[1] 阿卡利尔，“亚里士多德论幸福”（“Aristotle on Eudaemonia”），该文收录于《道斯·希克斯讲座》（*Dawes Hicks Lecture*），Oxford：Oxford University Press, 1974 年，第 5 页。

之集合不是一个空集（如果稍持乐观的态度，这就是一个合理的假设），则幸福就依赖于这些子目的的实现。由于“幸福集合”中的每一个元素都是I-可欲求的，因此直接因幸福而值得欲求的那些目的都是I-可欲求的。如果事实确实如此，即幸福集可能包括**所有**I-可欲求的目的，这也许与我刚才的论点相反（参见之前的“幸福水桶”论证——译者注），那么我们一定难以找全因幸福而值得欲求的每一个目的。

到目前为止，也许还不错，但这也仅仅是不错，它离真正的不错还有段距离。阿卡利尔暗示把**幸福的增益**作为一个包含性目的，这还要有所保留：

> 没必要主张说，亚里士多德已经很清楚地阐明了最好的生活可能有哪些“组成部分”，或者它们之间是如何相互关联的。从两个或多个独立目的建构出一个复合目的的想法可能会引起质疑。这种复合是被视为一个纯粹的聚集，还是被视为一个有组织的系统呢？如果是前者，继续将它推进到**幸福的增益**似乎就不太有意义了——而且各种善可以累加起来，这一点也不是显而易见的。如果是后者，如果应该有一个统一的计划安排，那它又是什么呢？[1]

从这些紧密相关的问题里，阿卡利尔放任了自己，因为他的主要关注点在于阐述亚里士多德的思想，而不是辩护亚里士多德的思想。但是我们不能让自己满足于这种今日免谈，因此阿卡利尔所提到的困难必须得到进一步的揭露。

让我们假设一个几乎不可能的世界W，其中恰好存在三个I-可

[1] 阿卡利尔，“亚里士多德论幸福”（“Aristotle on Eudaemonia”），该文收录于《道斯·希克斯讲座》（*Dawes Hicks Lecture*），Oxford：Oxford University Press, 1974年，第10、11页。

欲求的目的，它们也是H-可欲求的目的，不妨称为A、B和C。如
121 果你愿意，你可以把它们想象为等同于荣誉、财富和美德的三个东西。一般来说，如果幸福是一个包含性目的，W中的幸福就包含三个构件A、B和C，除此之外再无其他。现在一个人可能会忍不住去假设，由于以下观点是很难拒绝（或不可能去拒绝）的——获得W中的幸福的必要且充分条件是实现A、实现B并且实现C，因此任何一个想要实现A、想要实现B并且想要实现C的人，**根据事实本身**，就是一个想要获得W中的幸福的人。但是，在我看来，似乎存在一个好的例子来说明这个推论是无效的。想要获得W中的幸福**可能**等价于想要实现A、想要实现B并且想要实现C，但也可能是（真的有这种可能性）等价于想要同时实现A、B和C。但是，出于一个我们相对熟悉的理由，对相当多的心理学动词（不妨表征为 ψ）而言，我们允许一个人x从形如"xψA并且xψB"的命题推不出形如"xψ（A且B）"的命题。例如，这对我来说是一个很合理的主张，存在一些情境使我应该想说某人相信p并且他也相信q，但是我却不愿去说他相信p且q。最能显著地展示出这一区别的情形是，p和q彼此是不一致的情形。我们也许可以想象有这么一个人，我们应该想说他相信自己是一个奇怪的无能生物，并且我们也想说他相信自己是个世界霸王，而我们却不想说他相信自己既是奇怪的无能生物又是世界霸王。[vi] 不一致的信念不是处于不一致关系中的信念，至少不必然如此。无论如何，我怀疑可以让一个人相信p且他还相信q但是他不能相信p且q的这个理由，完全可以映射为允许一个人想要p且他还想要q但是一个人不能想要p且q的理由。如果我想在罗马度假，还想要一些头痛药，对我来说，**实际上**我并不是想要在罗马度假且一些头痛药（因为后者是一个很奇怪的欲求对象——译者注）。

而且，即使我们能通过这个有争议的推论，我认为做出下述进一步假设也是错的，即一个想要 A 且 B 的人（仅仅作为他想要 A 和想要 B 的结果）将为了实现 A 且 B 的**缘故**，或**出于**实现 A 且 B 的**考虑**，而想要 A（或想要 B）并且能真正做到这一点。因此，即使可以说一个人在世界 W 中想要 A、B 且 C，为了强调他想要每一个这样的目的，这还需要满足进一步的条件。换言之，只有在满足进 122
一步的条件后，才能说一个人为着实现 A、B 且 C 的缘故而想要每一个这样的目的，也才能说一个人为着实现 W 中的幸福而想要每一个这样的目的。

为了公正地对待这一主张——幸福应该被看作是一个"包含性"目的，让我们提出一个更加温和的建议，它也许不是唯一可行的建议，但却是看起来很直观的一个建议。出于当下的目的，让我们将世界 W 中 I–可欲求的目的都归集为"共相"。我主张，单独地想要每一个这样的 I–可欲求的目的应该被等同地视为想要**一个集合**并且它的每一个成员恰好就是那些 I–可欲求的目的，与此同时我们并没有把这个共相的集合自身理解成一个共相。因此，想要 A、想要 B 且想要 C 就等同于想要一个集合且该集合的成员就是 A、B 和 C（不妨称之为 W 的幸福–集合）。想要 W 的幸福就是要满足想要 A、B 且 C 这个更强的条件，这反过来等同于说，[想要 W 的幸福就是] 想要某个作为共相的东西，它是一个复合的共相，并且它只**包含**作为 W 的幸福–集合中的**元素**的那些共相。我不会尝试去给出一个**充分必要**条件以完成这个更强条件的刻画（而不是完成更弱条件的刻画），但是我会建议说这个事态（这个事态就是想要 A、B 且 C 这个更强的条件，即想要 W 的幸福——译者注）有一个重要的**充分**条件。这个充分条件如下所述。如果 x 想要某集合的所有成员的合取，而不是逐一地想要该集合的每一个成员，那么以下描述对于实现前一个目的就是充分的：他逐一地想要该集合的每一个成员应该通过下面的事实加以解释（或者把下面的事实作为一个解释），即存在一个“开放的”特征 F 使得 x 相信特征 F 被该集合所展现并且 x 欲求特征 F 的实现[vii]。一个**开放的**特征，我的意思是，对这个特征的刻画并不要求完全地枚举出展现它的所有要素。举个例子来说明“开放”（open）的意涵。有一次，牛津大学的一位教授想要——在他的真实想法中（in his subject）——到萨默维尔学院、圣休学院、圣希尔达学院、玛格丽特·霍尔夫人学院和圣安妮学院谋求一个教职。(但他的求职被两所大学拒绝了。) 这个复合的欲求将通过以下事实加以说明：首先，刚才点名的学院构成了牛津地区的女子学院这一整体（尽管有两所女子学院因为拒绝了他的求职申请而没有被列在名单里。)；其次，他想要让这个包含着开放特征的想法（这是他的真实想法）得以实现，即他想要在所有牛津地位的女子学院中找到一个教职。这个充分条件是重要的，因为我认为这是对所有**理性的**复合
123 欲求的满足，而不是对那些任意的或疯狂的欲求的满足。当然，也存在一些真正的、非理性的复合欲求，但是我并不准备去描述区分二者的条件。也许我并不需要这样去做，因为我认为这是一个理所当然的假定——如果对幸福的欲求是一个复合的欲求，那么它就是一个**理性的**复合欲求。

我认为，我刚才所给出的建议符合可接受的一般性原则的形而上学建构。因为它提供了一种可行的方法，使得我们可以在一个初始给定的要素范畴（或共相）上附加一个特殊的子范畴（即复合的共相）并且作为初始要素的对应物它不是共相而是共相的集合。可以这么说，这个方法将特定非共相转化为“新的”共相，并且下面的看法也是很有道理的，即这个转化的目的是用一种简单而又优雅的方式将那些原本不适合应用共相法则的非共相带进共相这一范畴

之中，进而也就可以应用共相的法则了。必须说明的是，所谓“法则”，我指的是理论上的概括，它们归属于任何一个理论类型，包括心理学理论、实践理论和道德理论。因此，在这些法则中有各种不同种类的法则，它们把不同的欲求关联于不同的目的，也把不同的手段关联于不同的目的。

如果幸福是一个包含性目的，并且如果由于它作为一个包含性目的就意味着对它的欲求是理性的，那么必定存在一个开放的特征使得它被幸福的要素集合所展现，我们下一步的任务就是直接尝试确定这个特征。为了在这条探索之路上走得更远，我现在将要考察各种各样的手段-目的关系，在我看来这是一个特别有启发性的话题。

II

在本节一开始，我将要给出一个简要的框架以概述全部的（或部分的）手段-目的关系及其变形，这个主题本身就是非常具有吸引力的，它大大地被当代哲学忽视了，并且我也认为这个主题对于我们目前的研究而言是一个很重要的背景。然后，我将考虑在我们关于手段和目的的日常思考中出现的一类特殊情形，可以把它们称为“目的-固定”的情形，并且对它们的研究将会修正我们之前的主张，即幸福是一个包含性目的。

我将引入“有益于”这一术语，用以一般地表达我对“手段-目的”关系的称呼，并且我将使用“以 w 的方式有益于”这一短语来泛指这种或那种特殊形式的有益于关系。为了简便起见，让我们假设，如果一个人认为某些事态或行动有益于实现一个特定的共相，那么他就会在心中认为特定形式的有益于相对于这一特殊情形是恰 124

当的。现在我们可以不那么令人吃惊地说，出于B的缘故x想要做A，恰好当x想要做A因为（1）x认为他做A是某种以w的方式有益于实现B的事情，并且因为（2）x想要B。一旦A和B被确定下来，唯一留下的还让人感兴趣的任务就是——如何给出特定关系的值域，其中短语“以w的方式有益于”将从上述特定关系中挑出一个元素。

关于有益于一个最直接的模式是将其作为一个因果上的前件，事实上这个模式过于频繁使用以至于其他的可能性都被排除了，此时x有益于y就在于x是y的唯一（或一个）因果起源。但即使是在这种模式下，也可能比你看到的要复杂得多。这个因果起源可能是一个**启动式**原因，它促发了某种效果，就好像打开开关促发了灯亮一样；或者这个因果起源也可能是一个**保持式**原因，为了维持效果的长期存在需要持续不断地提供这个原因。在任何一种情形下，效果或者是主动造成的或者是被动形成的。我可以冷冰冰地对待琼斯，从而让他开启缄默模式，我也可以捂住他的嘴巴进而让他保持缄默。另一个维度是**条件式**原因（即x有益于y就在于x是y的条件式原因。——译者注），在此情形下x如何在因果上有益于y，它们的具体例子各不相同。做A是值得欲求的，并且它只有在给定的情境中才是如此，即它只有在给定的情境中才能无条件地导致B的实现。换言之，做A是值得欲求的，**假定**一个特定的可能性被满足了。在条件式-因果-有益于的各种情形中，有一个特别重要的子集——相关可能性（或条件式原因关联的可能情境）来自某主体欲求或决意B应该被实现，该主体或者以手段-采用者的身份或者以其他什么身份，在这些情形中x想要做A，就是为了**能够**（或使之变得可能）让他自己或其他人去达成B的实现。举例来说，x把一个开瓶器放在他的口袋里，为了让他以后能够打开一瓶酒，而且也应该期待他这么去做。（只有当该主体有一个真实的意愿——想要打开一瓶酒，只有在这个条件和情境下，拿开瓶器的动作才是有益于该目的的。——译者注）

但是，限于我们现在的目的，最让我们感兴趣的、刻画有益于的模式都不是条件式-因果-有益于。让我们感兴趣的模式包括以下 125
类型。

（1）描述式有益于。在主流情境中，去做 A 是实现 B 的一个描述或一种方式，在这种关于有益于的解释模式中，可以做出这样的理解：B 不是一个因果的性质，即 B 不是一个可以继续导致 C 实现的一个性质，其中 C 是某些进一步的性质。主人让客人坐在他的右手边吃饭可能是尊重客人的一个描述；挥舞英国国旗可能是对皇室表示忠诚的一种方式。在这些情形中，特殊的行动既展现了 A，也同样地展现了 B。

另外两种模式涉及包含性关系，即一种模式体现一种包含性关系，另一种模式体现另一种包含性关系。

（2）以下面的方式，我们说做 A 有益于实现 B：做 A **包含了**一个要素并且该要素实现了 B。我可能会参加在广告中看见的邮轮游，因为它的路线中包含了参观那不勒斯。

（3）以下面的方式，我们说做 A 有益于实现 B：做 A **被包含**在一个要素中并且该要素实现了 B。此处，我们又可以区分好几种情形。A 和 B 可以是相同的事物。例如，我今天可能会对某人表示友好，因为我想要在他访问我的城市期间对他保持友好。在这种情形中，通过这个星期我对待他的行为将从整体上展现出 B（友好性），并且 B 的展现依赖于各组成部分（例如这个星期中每一天我对待他的行为）的特定分布。例如在其中的每一天中我的行为。我们将这种依赖性称为“构件-依赖”。在另一些情形中，A 和 B 是不同的事物，并且在一些情形中（甚至在所有情形中），如果 B 是作为一个整体而被展现出来的，那么 B 不可能被它的任意部分展现出来。还有一些情形可以进行更细的划分，并且这些研究也是很有意思的，不过它们都与目前的研究任务无关。

不同于亚里士多德曾经做过的处理，现在我们有能力更好地处理亚里士多德所提出的关于幸福的一个“悖论”，这里会关联到梭伦（Solon）的一句格言“人还没进棺材，谁也称不上幸福”。我给出这一“悖论”推导的简化版本，我希望没有扭曲它的本来面目。如果我们从幸福是人的目的这一假设出发，我们必须先把这个假设修改一下，用“完整生活中的幸福”替换“幸福”。（亚里士多德他自己
126 不是把限定语“完整生活中的”应用在幸福上，而是应用在作为幸福的构成的某些东西上，即合乎德性的灵魂活动。）因为，很简单的一个道理，作为整体的生活所展现出来的幸福显然要好于不是作为整体的生活所展现出来的幸福。由于终生的幸福**只能**通过完整的生活才能被展现出来，故而非谓述性的知识（即实践知识——译者注）——相对一个特殊的人而言，人的目的实现了——只有在这个人死了之后才有可能获得，也因此不可能被这个人自身获得（也许在奄奄一息的时候他有可能获得）。但这是悖谬的，因为人的目的应该是这样一种非谓述性知识——对于那些想要实现它的人来说，它的实现是可及的、可获得的。

我认为，我们有必要区分非命题式的、归属性的目的（如幸福）和命题式的目的或目标（如我的生活作为一个整体应该是幸福的）。现在，这一点在事实上是很不清楚的——人们是否要欲求终身的幸福，甚至人们是否应该要欲求终身的幸福，这么说很可能是为了不要把它（即终身的幸福）想象为一个目标。即使一个人应该欲求终身的幸福，仍然不清楚的是——一个人是否应该**以它为目标**，一个

人是否应该因终生幸福的缘故而去追求事物、去做事情。不过，让我们放弃这些反对意见吧。终身幸福的获得，作为一个目标，就在于在一个完整的生活中去实现幸福这个归属性的目的。这个实现是构件–依赖的，它依赖于同一个目的之实现在生活各个阶段上的特定分布。但是，对其生活是如此这般的人来说，这些实现当然是实践可知的（即非谓述性可知的）。因此，如果我们坚持认为，去刻画人的目的就是去刻画一个归属性的目的，而不是去刻画一个目标，这个“悖论”就消失了。

人们想要使用“目的–固定”这一术语的特殊情形可以通过下面的方式处理。对于任意给定的有益于模式使得 x 想要（意图去做或实际去做）A 有益于实现 B，例如因果式–有益于，可以通过多个不同的思想过程来达到同一个最终状态。按照经典的亚里士多德模型，x 欲求实现 B，然后就会去探究什么能够导致 B，再确定做 A 将导致 B，因此想要 A 并去做 A。另一种想法是，可能是做 A 的想法先出现在脑海里，然后他再去探究做 A 将导致什么，看看它是否能导致他想要的 B，最后他因此想要 A 并去做 A。我现在想问的是，是否存在一些情形使得下列条件满足：（1）做 A 是固定的或是已经确定的，它不仅是作为一种可能性而被考虑，即不是因为先于它被认 127
知到的对 B 的欲求导致了想要做 A；（2）B 在当下场合中被选择作为一个目的，或者 B 在当下场合中作为一个目的被追求，至少部分地是因为做 A 是有益于实现 B 的某种东西。

各种各样满足上述条件的候选项出现在我的脑海中，当然不一定都是好的候选项。（1）一名在荒岛上遇难的人决定利用他在这里的停留去追求一些新目的，比如说研究当地的动植物。在这里，他做 A（在荒岛上停留）是固定的且没得选择。并且这个特定的行为模式不是先有目的确定后才被固定下来的，即便如此有些人还是会认为它应该被恰当地视为是追求动植物研究这一目的的手段。（2）一个人想要搬到某个特定城市且没有理由说明他为什么想要搬家。他对所有不理性的欲求都很反感，或者至少对这个不理性的欲求很反感，因此他得到一个想要搬家的理由，即他现居住的小镇气候特别恶劣。在这里，思想的进程似乎不是完全自知自觉的。我们可能会说，他为什么想要搬到一个气候宜人的地方，其**唯一**的理由就是这个欲求（即想要搬到气候好的地方，这是一个勉强找出来的目的——译者注）将辩护他已有的、想要搬家到某个特定城市的欲求或意图（此时手段先于目的确定，先决定搬家再找理由或目的。——译者注），但是有人会不屑于把这描述成，想要搬到气候宜人之处是**他**［搬家］**的**一个理由。

更让我感兴趣的是下面的一个例子。一个暴君对他的一位大臣非常不满意，为了羞辱他，暴君让他去处理宫殿的垃圾转运事务，并且明确地告诉他只有高效率地转运垃圾才能让他免于悲惨的命运。这位大臣首先只是为了避免悲惨命运而努力提高效率。但是，后来他发现高效率地转运垃圾可以让他保持自尊并挫败暴君羞辱他的企图，他开始为自己有效地履行职责而感到自豪，并且也因此他开始出于该工作本身的目的而在意这份工作。即使如此，当暴君被推翻，当大臣的卑贱职责被解除时，他毫无遗憾地把这些事务丢开了，尽管他一直真心诚意地履行这些职责。（被指派去处理垃圾作为手段是先在确定的，提高垃圾处理效率是在手段确定后形成的目的。——译者注）

人们可能会说，大臣是为了自己的利益——为了挫败暴君的企图——而有效地履行了他的职责。并且有一点也没有得到很清楚、很充分的陈述，即他之所以有效地履行职责**既是**出于该职责自身的
128 目的**也是**出于挫败暴君企图的目的，因为他希望**通过**内在地关注他

的卑贱职责从而达到挫败企图的目的。似乎清楚的是，这里出现了**更高阶的**欲求。大臣出于工作自身的目的想要有效地履行职责，并且他也想要这个想要，因为他想要通过这个想要来挫败暴君的企图。的确如此，为着 B 的缘故想要去做 A 可以被合理地表征为下述两个解释。第一个解释是这样的，如果我们说一个人为着 B 的缘故而去做 A，那么（1）做 A 是因为他想要做 A 并且（2）想要去做 A 是为着 B 的缘故。（一个人）为着 B 的缘故而想要 A，在这里的意涵是，（他）认为 A 将实现 B。但是，我们也可以设想（一个人）为着 B 的缘故而想要 A 有另一种意涵或解释（类似于为着 B 的缘故而做 A），即为着 B 的缘故对想要 A 做出追求。在此意义上，我们就有了第二种解释，其意涵是：与其说一个人认为 A 将有助于实现 B，毋宁说他认为想要 A 将有助于实现 B。

对于幸福应该被当成一个什么种类的目的这一问题而言，这个讨论所产生的影响是，如果幸福要被看作是一个包含性目的，那么它的构成要素可能不是特定目的的实现，而是对这些特定目的实现的各种欲求。为着幸福的目的想要 A 应该按照上述第二种解释模式来加以理解，即想要 A 是要素集中的一个成员并且这些要素合在一起展现出唯一确定的、关联于幸福的开放特征。

III

我希望，到目前为止我的探索已经为以下三个论点提供了颇为有利的根据：

（1）幸福是出于某些特定的、I-可欲求的目的而值得欲求的一个目的，并且它也可以被当作是一个包含性目的，而不是一个支配性目的；

（2）由于幸福是一个理性的包含性目的，其构成要素的集合必定要展现出某些特殊的、有待确定的开放特征。并且

（3）幸福的那些构件很可能不是这样一些共相或事态——它们
129 的实现是因自身缘故而值得欲求的，而是对这些共相或事态的**欲求**，这使得对幸福的欲求成为一个高阶的欲求，它是包含着或满足一系列欲求的欲求，即它是包含着或满足展现与幸福相关的开放特征的一系列欲求的欲求。

在这一点上，我可能会遭遇极端的攻击，我把它展开如下。

> 你的整个研究就在于下面一个假定——如果一些要素因幸福的缘故而被欲求或值得欲求，那么它的被欲求或值得欲求是作为达到幸福的一个手段，并且该假定因此就引发出一个关键的问题，那就是幸福到底是一个什么种类的目的，或者说幸福将会关涉到一个什么种类的手段-目的关系。但是，这个最初的假定是错误的。去说一个要素因幸福而值得欲求不应该被理解为，它意味着这个要素是作为某事物的某一手段而值得欲求的。它更应该被理解为，它宣称这个要素是因自身而值得欲求的并遵循着一定的方式："因幸福的缘故（目的）"应该被当作是单一的状语（或副词），也许最好是被看作"幸福智慧"（happiness-wise）。去欲求某个是幸福智慧的东西就是以一种特定的方式来认真地对待这个欲求，特别是很认真地把这个欲求当作生活的指南，并将其纳入一个人的整个生活计划或行为体系中。如果一个人是这样来看待事情的，他马上就会想到这些要素都是I-可欲求的且不是H-可欲求的，因为某一值得欲求的事物是不是本质上值得欲求的，或者说，是否它的可欲

求性来源于其他事物的可欲求性，这样的问题就简单地变成了与下述问题完全不同的另一个问题——它不同于该欲求是不是一个人在其生活计划或人生指南中应该被认真对待的，即它不同于它是不是H-可欲求的。(即一要素是不是I-可欲求的和它是不是H-可欲求的，这是两个完全不同的问题，并且二者之间不存在手段-目的关系。——译者注)除此之外，一个人还应该进一步考虑截至目前一直被我们忽略的两个问题。第一，构成幸福的东西是与个体的幸福密切相关的，一旦意识到x所欲求的或应该去欲求的幸福智慧可能与y所欲求的幸福智慧大相径庭，我们就很容易看到这个真理。第二，这个直觉［即幸福智慧］与某一公认的模糊主张相一致——确定某些要素是否为幸福的构成性要素，这与其说是一个判断或信念问题，还不如说是一个**意愿**问题。一个人的幸福在于他**成就**幸福的方式，如果按照我所建议的方式来理解“因幸福的缘故(目的)”这一短语的话，这种主张就是极为妥切的。

在这篇充满活力而又深思熟虑的演说中，我对其中的许多内容表示同情或理解，并且我也倾向于认为它们是很重要的。特别是，把H-可欲求的东西关联为进入一个人的生活指导系统中的欲求或关注，以及主张说对这个目的体系的接受[viii]就构成了幸福(或构成了一个人自身的幸福)，并且一个人自身的幸福无关于信念或判断，而是一种意愿。但是，尽管有这些吸引人的特征，尽管有简化旧有观点的氛围，这一立场仍然很难站得住脚。仔细观察的话，它只是另一种形式的主观主义：相信特殊的要素有益于幸福，它们只是表面上的信念并不是真正的信念，它们事实上表征的是相关于这些要素 130

的心理状态或态度，而不是在表征相关于这些要素的信念，它们很容易遭受各种针对主观主义策略的反对意见。在日常的言谈和思想中，我们已经运用了并且也需要一个哲学解释，它不仅用于说明因幸福而被欲求的事物这一观念为何被忽略了，而且也用于解释**具有**幸福（或**具有**福祉）这一观念为何被忽略了。并且如果最终的结果是，正在被考察的主观主义立场不能为具有幸福这一观念提供任何解释，那么它不仅是悖谬的，而且很可能是理论上的灾难。这似乎就会变成如下所述的情况——构建或采用一个目的系统用以指导生活就变成是可做好或可做坏的某件事情（即或多或少可做好的某件事情）。如果是这样的话，还存在一个需求，即详细描述用于评价该事情做得好坏的标准，进而下面的主张就难以避免了：一个**好的**目的系统的特征性条件取决于一个事实——采用与该系统一致的特征性条件，在其他条件不变的情况下，这将导致（或很可能导致）幸福的实现，这相当于说，有些东西是我们当下考察的方法（主观主义）无法解决的。

因此，看起来好像我们又回到了最近一次讨论开始之前的状态[ix]，但是也许不完全是这样的。因为，也许可以在这个概念——适合于指导生活的一系列目的或目的系统——上做些事情。最主要的想法是这样的，这个目的系统具有最大的稳定性，一个人用它来指导生活将在最大程度上有益于它继续为幸福这一目的工作，并且
131 它在最大限度上是自我延续的。换一种说法，一个目的系统具有某种程度上的稳定性，尽管它在构成上不是免于修正的，但它可以适应环境的变化与变迁，使得它在面对环境变化时比其他较不稳定的系统做出更少的修正。我们可能需要用灵活性概念来补充稳定性概念，一个系统是灵活的（或有弹性的）指的是，只要修正的需求被提出来，该系统都可以通过简单地调整和进化来满足修正的需求。

挣扎、危机和革命是不需要用到的，或者只在最小的范围内用到。在一个人的意识中，目的系统的连续出现可以被看作是单一生活计划处在不同发展阶段，而不是一个生活计划被另一个生活计划所取代。我们可能还会发现一个值得追求的观点，在实现上述主张的同时考虑一个已经预示过的区别——一般的幸福与一个人的幸福。我们希望将一般的幸福作为一种可能的目的系统呈现出来，它是用高度概括性的术语加以刻画的（因为这种刻画必须从特定的人及其所处环境的特质中抽象出来），并且这个目的系统或者决定于它的稳定性——相对于人类生存条件的频繁变迁而展现出的稳定性，或者以其他某种方式被决定（正如我所猜测的那样）。此外，我们也希望一个人的幸福就在于拥有一个目的系统并用它来指导生活，使得（*a*）这个目的系统是一个具体的、个人化的衍生物，它是由个人的性格、能力和所处的世界状态共同决定的，并且它将作为一般幸福的系统性构件，（*b*）就该个体在环境中生存而言，采用这个目的系统是稳定的。

如果我们能够给出理由去假设某些特征——可以合情合理地认为其刻画了幸福的那些特征，或者事实上**已经**认为其刻画了幸福的那些特征，或者即使没有刻画幸福但它们至少构成了一个令人满意的指导生活的目的系统——都是有益于这种稳定性的特征，那么下述主张将得到一定的支持，即幸福可能完全地（或至少部分地）以这种方式展现出来。我将要列出一些特征，它们都会有益于一个目的系统的稳定性。

（1）**可行性**。一个被采用的目的系统应该是可操作的。这个系 132
统规定的行动或行为模式越被证明是不可操作的（即无法成功执行），就越有理由修正这个系统。这个特征起作用就在于，它要求一个行动者（agent）具备有效运行他的目的系统所需的能力，无论是他的本质还是通过训练使得他具备了这种能力。

（2）**自主性**。这个特征与前一特征密切相关。越少地依赖一个人的目的系统就是越要求助于那些不受他掌控的东西，尤其是那些受他人掌控的东西。越少地依赖亚里士多德所谓的“外助”（ektos choregia）系统，通常情况下主体的行动或行为模式就越稳定，或者说越有稳定的把握。除非一个人得到了坚强的保证，否则最好不要依赖精密的仪器或政府的资助。

（3）**构成性目的的兼容性**。最初，人们可能会认为，只要系统中某些特定目的的实现将阻碍其他目的的实现，我们就有了根据去修正一个目的系统。但是，我认为我们必须认识到，从某种意义上说，一个目的可以实现在不同的程度上，并且要求一个系统中某个目的的实现永远不会因其他目的的实现而削弱，这是不现实的。实际上，我们可以合理地寻求诸目的的**和谐共处**，那就是，就相互竞争的目的而言，有可能在每一目的的预期实现程度上找到一种可接受的平衡。这样的平衡如何被确定下来，是一个很大且很难的问题，但是难以找到这种平衡将促成该系统的修正。这个特征类似于一致性，后者通常用于描述非实践的系统，尽管有些人比另一些人更喜欢把它用在实践的系统中，例如维特根斯坦（Wittgenstein）和诺曼·布朗（Norman O. Brown）。

（4）**全面性**。（可类比为完全性。）一个系统是全面的就是说，在一定程度上它可以就特殊的实践问题做出决定。不可决定性越多，全面性就越弱。更准确地说，一个系统的全面性直接取决于它根据一般性原则回答特殊实践问题的能力。打个比方，在通常情况下，试图调用一个人的生活计划来决定他今晚应该吃牛肉还是羊肉，
133 这是不合适的。（作者在这里通过举例说明什么不是特殊的实践问题。——译者注）缺乏全面性似乎意味着我们可以对目的系统进行

合理的修正。

（5）**构成性目的的相互支持性**。如果对某些目的的追求将促进对其他目的的追求，那么一个系统的稳定性就会增加。这种促进可能以不止一种方式出现。例如，一个人沉醉于数学研究可能会促进他作为一个国际象棋选手的对弈能力；或者他对妻子的爱也可能会促进他在卖百科全书时更加努力。

（6）**简单性**。一个系统作为生活指南的有效性（能发挥效用），部分地取决于它在特殊的实践问题上进行判决的难易程度。如果一个系统对实践问题给出了答案，但是这些答案是难以辨识的，那么它与另一个系统相比就处于劣势，如果后者很容易就对这些实践问题做出了判决。在判决实践问题上越简单，一个系统就越可接受。

（7）**愉悦性**。愉悦性的一种形式是，除非被抵消，否则它会自动地附着在欲求对象的实现上，并且这种实现通常也是满足感的一个来源。因此，满足感的产生不会为你偏好一个目的系统而不是另一个目的系统提供一个独立的基础。但是，关于愉悦性的一些其他形式，比如说作为快乐的一个来源，它们与欲求对象的实现并没有一种固定的关联，它们可以独立地区分出相关于该偏好（即喜欢一个目的系统而不是另一个）的其他特征。一个操作起来特别令人愉悦的系统将是稳定的，这不仅对相互竞争的目的系统来说如此，而且会削弱不自制现象产生的影响：为了应对一个干扰性的影响，一个配合着额外吸引力的原则肯定比一个单纯的原则自身要好。

到目前为止，无论迹象看起来多么有希望，我都非常怀疑我所提出的对幸福的刻画是否可以不仅仅是部分的刻画。**第一**，似乎存在一些特征，直觉上我们要求一个最佳的目的系统应该展现出这些特征，但是它们并不是能够增加稳定性的特征。很多人会持下述立场，在其他条件不变的情况下，一个人的目的系统应该使得一个人的自然天赋得到最大发展。同时许多人还认为，在可能的情况下一个系统应该为杰出或与众不同的个人成就提供空间。
134 如果这些观点都是正确的，似乎很难将目的系统应该具有的这些特征合理地联结到稳定性和灵活性概念之上。**第二**，关联于稳定性的这些特征，即使全部结合在一起，似乎也没有足够的选择性。刚才列出的那些特征，除了最后一条，似乎都是系统性的特征。对它们而言，困难似乎出现了，这让人想起了对颇为熟悉的真理融贯论的种种反对意见。有一种主张认为，一个命题属于一个融贯且全面的命题系统的充分必要条件就是它是真的，但是作为回应，许多既融贯且全面的命题系统都会满足这一条件，而且这些系统彼此之间还是不一致的。有人会支持这样的主张，这完全是可设想的，并且为了从这些相互竞争的真理候选者中挑选出一个成员就必须诉诸一个系统之外的条件，比如说基于观察的不可修正性或基于观察的认证。以某种相似的风格，我们可以指出，就我们知道的而言，尽管这些目的系统在增进稳定性以及所有与之相关的特征（如愉悦性）方面都无差别，但是在直觉上我们还是不会将它们等同地视为自己的生活指导。举例来说，这样的系统可能被一个隐士所拥护，也可能被一个偏执的集邮爱好者所拥护，也可能被一个坚定的自我中心主义者所拥护，还可能被一个各方面权衡得很好的乡村绅士所拥护。

为了解决这些困难，似乎需要一个系统之外的条件，在这个条件下依照“价值”可区分出不同的目的或目的系统。在这里，我希望探索出一条与亚里士多德完全不同的道路。我倾向于考虑这样的可能性，即一般的幸福这样的观念将诉诸一个人（理性的动物）的本质特征才能被确定下来。一般的幸福这一观念中所包含的目的以相对于特别个体的方式大量地实现，并且这些特别个体所展现出来的能力是造物主不得不赋予生物的，以便在人类的生活环境中最大限度地生存下来，换言之，以便针对不同的环境具有最广的管控力。[1]

i 对 eudaemonia 一词有很多不同的解释，维基百科把它解释为“幸福的增益”（conducive to happiness）。正如作者所指出的，他不确定是否可以把 eudaemonia 诠释为幸福（happiness），为了区别，我把前者译为幸福的增益，后者译为幸福。

ii 译者参考了廖申白译著：《尼各马可伦理学》，商务印书馆，2003 年，第 17、18 页。“最高善”在原文中的表达是 maximal finality，可直译为最高的终极［目的］。廖申白先生特别加注说明，这个词的希腊文为 τέλειος，其词根为 τέλος（目的），因此可翻译为最高善，对此我深表赞同。“自足”在原文中的表达是 self-sufficiency，可直译为自我完善。廖申白先生指出，这个词的希腊原文是 αυτάρκεια，其意为能够自身（从神佑或自然界）获得或产生的一切资源的丰足而无所匮乏、无所依赖的状态，他将该词翻译为自足，我亦表示赞同。廖先生没有专门区别“非定性的目的”和“最高善”，将二者统一译为最完善的或最高的目的。译者对非定性的目的有一个解释：目的之定性描述一般仅限于一个特殊方面，例如荣誉、快乐等，但最高目的是综合权衡（或复合）所有目的或所有特殊方面之后得到的结果，因此它是一个对目的的非定性描述，因为它不属于目的的任何一个特殊方面。这个解释一则参考作者在原文第 99 页第一段的说明，二则参考约翰·布鲁姆的说明：*Rationality through Reasoning*, Wiley Blackwell, 2013, pp.25-29.

iii 廖申白先生也翻译为“可等同于”，原文是 identification with。不过正如作者在随后讨论的，荣誉、理性等目的并不是完全地就等于幸福的增益：你可以把它理解成一种组成性关系，即荣誉、理性等目的组成了幸福的增益这一最高目的，所以荣誉既是因自身而值得追求的也是因幸福的增益而值得追求的。

iv “权衡地”在原文中的表达是 pro tanto，这是一个拉丁语。约翰·布鲁姆在 *Rationality Through Reasoning* 第 2 章 4.3 节专门讨论了这个概念，他说：规范性理由（即一个人为什么**应当**如此的理由，应当就是规范性）可区分为加总理由（pro toto reason）和加权理由（pro tanto reason）。加总理由指的是部分代替整体的理由——一个人应当如此的**大**理由或**大**解释只有一个，但是可以从不同的侧面或角度描述这个理由或解释，每一个侧面之于整个理由或解释的关系就像部分之于整体的关系。因此，译者在翻译约翰·布鲁姆的著作时，将这类理由称为加总理由。加权理由指的是经过权衡后形成的规范性理由——存在很多不同的理由来解释一个人为什么应当 F，有些理由是支持 F 的且有些理由是反对 F 的，主体通过权衡发现支持 F 的理由压倒了反对 F 的理由，这就是主体应当 F 的规范性理由。并且支持 F 的理由越能压倒反对 F 的理由，主体就越应当去 F。译

[1] 作为一个演讲，本章最初的版本是以这个句子结束的：“但我现在几乎已经讲到这篇论文的开头了，直到最近，你们还以为我会在今晚给你们讲关于伦理学原则的可推导性。真遗憾，我已经用完了我的时间。”

者将这类理由翻译为加权理由。此处，格赖斯在这里提到“权衡地”就是出于这一目的：既打高尔夫又打网球显然比只打高尔夫对身体健康更有增益，对于追求身体健康而言，前者更具有压倒性；同样可类比的是，对于幸福的增益而言，既追求荣誉又追求理性（努斯）显然比只追求荣誉对幸福更有增益。

v 作者在这里批评两点，我猜测可以用两个例子说明。对（*a*）来说，特定环境中一些不道德的行为（不妨说偷窃），尽管不荣誉但是它能让我生存下去，假设生存对我的幸福而言具有最大的权重，那么偷窃就是我获得幸福的一个手段。但是，我们不能认为幸福是偷窃的一个结果。对（*b*）来说，即使在我的意识中，我没有**故意地**保持身体健康以求获得幸福，但依然可以说身体健康是因幸福而值得欲求的，不论我是否有这样一个内在的欲求状态。作者认为命题（D）和（E）可以消除上述反例。我不是很确定这两个例子是否符合格赖斯的想法。

vi 作者在这里的意思是，一个人可以同时持有一对相互矛盾的信念，例如当他还没有意识到这对信念是不一致的时候并且这并不违背理性，但是一个人不能在意识到一对信念是相互矛盾时还同时持有它们，因为这一定会违背理性。

vii 作者在这里要给出一个想要W中的幸福的充分条件，我用更具体的说法来解释一下。如果我想要幸福，并且幸福对我而言包含荣誉、财富、理性、美德等要素（我只枚举了四个最主要的，并且没有枚举完整），那么我怎样才能通过单独地欲求这些要素而达到欲求复合的幸福这一目的呢？作者认为，一个充分的方式是这样的：我欲求荣誉，我也欲求财富，我还欲求理性，并且我亦欲求美德，这是因为我认为存在一个开放的“幸福”特征并且我相信这个开放的幸福特征被集合{荣誉，财富，理性，美德}所展现，并且我欲求实现这个特征。说这个幸福特征是开放的，因为我没必要列出展现幸福的集合的每一个成员。对“开放”一词的解释，作者随后有一个例子说明。概言之，一个人如果是以追求他心中想要的（in his subject）的幸福这种方式来追求每一个包含在他的幸福中的要素，这就充分地决定了他在追求他的幸福。

viii 相关于一个人的目的体系指的是由进入他的生活指导系统中的欲求所构成的目的体系。

ix 在本章第一节的末尾，作者指出下一步的任务是要确定展现幸福的开放特征，即幸福的构成要素如何作为手段有益于获得幸福，作者应该是指重新回到这里。

索　引 *

---

* 索引页码参考原书页码，即本书边码。索引为内容指向，与正文非严格一一对应。n 为注释。——编辑注

D

E

F

H

I

J

K

L

M

N

P

R